COLLECTION
CLAVDIVS CÔTE de LYON

MONNAIES

DE

TARENTE

de 550 à 209 av. J.-C.

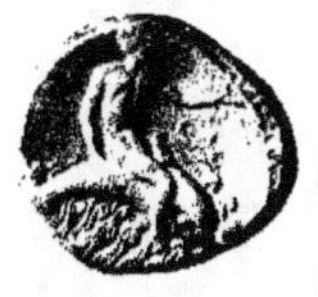

MCMXXIX

COLLECTION
CLAUDIUS CÔTE, DE LYON

MONNAIES

DE

TARENTE

DONT LA VENTE PRIVÉE AURA LIEU AUX ENCHÈRES

les 28 et 29 Janvier 1929 de 10 heures à midi et de 14 à 18 heures

AU BUREAU ET SOUS LA DIRECTION DE

RODOLFO RATTO, Lugano (Suisse)

VILLA GINEVRA A BESSO

Prix de ce catalogue illustré par 19 Planches.................................... **18** frs

Le même tiré en papier de luxe... **20** frs

(Liste des prix de vente comprise)

CONDITIONS DE LA VENTE

La vente sera faite au comptant.

Les acquéreurs paieront 10 °/₀ en sus des prix d'adjudication.

La collection sera visible au local de la vente les *25, 26, 27 janvier 1929*.

L'authenticité des pièces est garantie.

L'expert *R. Ratto* se charge, aux conditions habituelles, soit cinq pour cent (5 °/₀) sur les chiffres des adjudications, de l'exécution des ordres que MM. les Amateurs, qui ne peuvent pas assister à la vente, voudront bien lui confier.

NOTICE IMPORTANTE

L'authenticité des pièces est garantie.

La conservation est indiquée avec toute rigueur.

Les légendes sont exposées dans le texte du catalogue, entièrement, pour expliquer les types et les variétés des pièces, et les lettres qui ne sont pas visibles ont été placées entre parenthèses.

Toutes les pièces sont reproduites sur les planches, avec indication du métal pour celles en or et en bronze ; celles en argent n'ont pas d'indication.

IMPORTANT NOTICE

The genuineness of the coins is guaranteed.

The indication of state of preservation is scrupulously stated.

The legends are given in full for the better explanation of the types and varieties, and wherever the letters are illegible they are indicated within brackets.

All the coins are reproduced on the plates ; gold and copper coins are described as such ; silver coins are without any indication.

WICHTIGE ANZEIGE

Für die Echtheit der Münzen leistet der Leiter der Versteigerung.

Der Zustand der einzelnen Stücke ist sorgfältig angegeben.

Zur Erklärung der Typen und Varietäten sind die Legenden gänzlich angegeben ; wo Buchstaben verlesbar sind, werden diese zwischen Klammern ausgeführt.

Die einzelnen Stücke sind alle abgebildet ; die Gold- und Kupfermünzen sind als solch beschrieben, nur die Silbermünzen nicht.

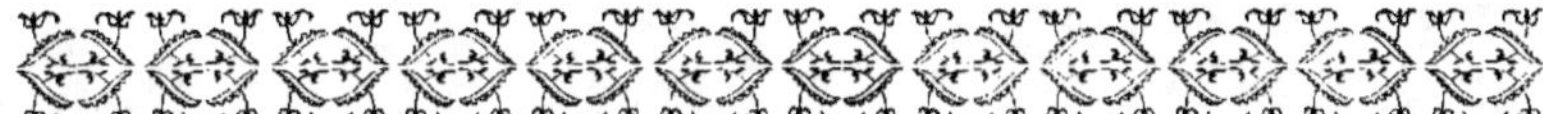

C'est avec un très grand plaisir que j'ai l'avantage d'offrir en vente la superbe collection spécialisée de Tarentines de M. Claudius Côte, de Lyon. Aucune collection de monnaies de Tarente ne pouvait lui être comparée. Seules, les séries de M. Vlasto, le Mécène et Historien de la Numismatique Tarentine, la surpassaient; encore que diverses pièces de M. Claudius Côte manquent à cette admirable collection.

La collection Claudius Côte est le fruit de très nombreuses années de recherches, de dépenses et de voyages; et, c'est par son opiniâtreté qu'il est arrivé à composer cette superbe collection dont j'ai l'honneur de rédiger le catalogue et d'effectuer la vente aux enchères.

M. Claudius Côte, un modeste, n'aime pas la flatterie et aurait désiré simplement une brève notice de sa collection. J'ai insisté auprès de lui pour qu'il me permette que son nom et le pédigrée des pièces soient notés; ce qui est toujours une satisfaction pour le nouveau possesseur et constitue des renseignements précieux pour l'étude.

Les provenances des pièces de la collection Claudius Côte sont nombreuses et toutes les ventes publiques lui ont apporté leur modeste appoint, ainsi que les marchands du monde entier.

M. Vlasto lié d'amitié avec M. Claudius Côte lui avait réservé un grand nombre de ses doubles de la meilleure qualité; les pièces de cette provenance sont indiquées dans le catalogue simplement (Vlasto).

La dispersion de la célèbre collection du Professeur Pozzi vendue à Lucerne en 1921 a permis à M. Claudius Côte de prélever bien avant la vente un certain nombre de pièces d'une importance capitale au point de vue historique et artistique. Les pièces de cet ensemble porteront simplement l'indication (Pozzi).

La superbe collection Herman Weber vint encore enrichir la série tarentine de M. Claudius Côte d'un ensemble de pièces d'or et d'argent incomparables. Ces pièces figurent toutes sur les magnifiques planches du catalogue (collection Herman Weber; L. Forrer; Spink & Son, London, 1922).

Les pièces ont les références dudit catalogue.

Toutes ces provenances célèbres et précieuses sont autant de fleurons entourant ces ravissantes gemmes de la numismatique tarentine et je ne doute pas du succès énorme d'une pareille vente.

Tous les grands musées ou collections particulières auront à cœur de posséder quelque souvenir de cet ensemble.

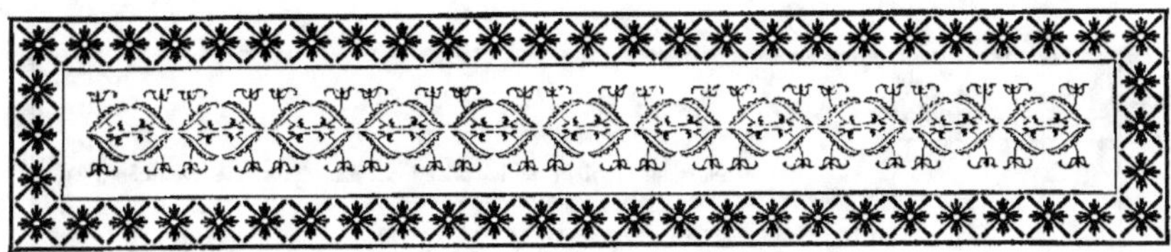

MONNAIES DE TARENTUM

N°s	Poids en gram.	Métal et Module	
			TARENTE *Ev.* Arthur J. Evans. The Horsemen of Tarentum. London 1889. *Vl.* Michel P. Vlasto. ΤΑΡΑΣ ΟΙΚΙΣΤΗΣ. New York 1922. *B.M.C.* Catalogue British Museum. *Vers 550 av. J.-C.*
1	6.90	Ꭺ 23	ΣΑΡΑΤ. Taras sur le dauphin à dr. ; au-dessous, pétoncle. Bordure guillochée. — R̷. Sans légende. Même type incus à g. Bordure radiée. Ev. Pl. I, 1. BMC. 34. De la plus grande rareté. Provient de la collection Smith de New York. *Didrachme.* Belle.
2	7.35	Ꭺ 23	Type pareil au précédent ; mais avec légende ΤΑΡΑ(Σ) en relief dans le Revers. BMC. — De la plus grande rareté. Provient des collections : Lobbeke, Munich 1910 ; Mathey, Paris 1913 et Pozzi. *Didrachme.* Belle.
			Vers 520 av. J.-C.
3	7.95	Ꭺ 18	ΣΑΡΑΤ. Taras sur le dauphin à d. ; au-dessous, pétoncle. Bordure perlée. — R̷. Roue à quatre rais dans un cercle épais. Ev. Pl. I, 3. BMC. 35. Très rare. *Didrachme.* Belle.
4	7.60	Ꭺ 17	— Un deuxième exemplaire, avec quelques légères variantes ; la roue dans le champ concave, sans le cercle. Provient de la vente Pozzi, n° 111. Très rare. Beau.
5	7.85	Ꭺ 18	ΤΑΡ. Taras sur le dauphin à g. ; au-dessous, pétoncle. Cercle épais uni en fort relief. — R̷. Même roue. Manque à Evans avec le Taras à g. BMC. — Très rare. *Didrachme.* Très belle.
6	7.45	Ꭺ 18	ΤΑΡΑ. Même Taras sur le dauphin à g. ; mais sans le pétoncle. Bordure guillochée.

Nᵒˢ	Poids en gram.	Métal et Module	
			— ℞. Même roue. Provient de la collection Pozzi. Très rare. *Didrachme.* Très belle.
			Nota. — Cette pièce très rare et curieuse a été frappée par les Messapiens au type de Tarente. Manque dans cette pièce le pétoncle, qui est la caractéristique Tarentine, cette pièce n'étant pas frappée à Tarente.
7	0.71	Æ 9	Pétoncle. Grènetis. — ℞. Roue à quatre rais. Champ concave. Var. de BMC. 58. Provient de la collection Weber, nᵒ 516. Rare. *Litra.* Très belle.
8	0.78	Æ 9	— Un deuxième exempl. Rare. Très beau.
9	0.75	Æ 8	— Un troisième exempl. encore varié. Les rais de la roue sont à fuseau ; pignon au centre de la roue. Rare. Très beau.
10	0.54	Æ 9	— Une quatrième variété ; les rais de la roue sont munis de contrefiches. Rare. Très belle.
11	0.08	Æ 5	Pétoncle. — ℞. Roue à quatre rais. Extrêmement rare. Fraction minime. *Huitième de Litra.* Très beau.
12	7.44	Æ 19	ƧΑЯΑΤ. Taras sur le dauphin à d. ; au-dessous, pétoncle. Cercle uni. — ℞. Roue à quatre rais, avec un dauphin dans chaque quartier, ayant la forme d'une rose. Champ concave. Inédite, extrêmement rare. *Didrachme.*

Vers 500 av. J.-C.

Nᵒˢ	Poids en gram.	Métal et Module	
13	7.27	Æ 23	ƧΑЯΑΤ. Taras sur le dauphin à d., étendant le bras droit en avant et le bras gauche en arrière, d'un style archaïque. Bordure guillochée. — ℞. Hippocampe ailé à d. ; au-dessous, pétoncle. Bordure radiée. Inédite. De la plus grande rareté. Quatrième exempl. connu. Provient de la collection Caprotti et des doubles Vlasto. *Didrachme.* Belle.
14	8.00	Æ 22	ƧΑЯΑΤ. Taras sur le dauphin à d., étendant le bras droit en avant et tenant un poulpe de la main gauche ; les cheveux finissant en deux tresses pointillées qui marchent horizontalement derrière le cou. Bordure guillochée. — ℞. ƧΑЯΑΤ. Hippocampe ailé à g. ; au-dessous, pétoncle. Bordure radiée. Var. de Ev. Pl. I, 4. BMC. 43. Très jolie pièce d'un style archaïque. Provient de la collection Pozzi. Très rare. *Didrachme.* Très belle.
15	7.92	Æ 22	Même type que le précédent. — ℞. ƧΑЯΑΤ. Hippocampe ailé tourné à d. ; au-dessous, pétoncle. Bordure radiée. Ev. Pl. I, 4. BMC. 41. Très jolie pièce d'un style archaïque. Très rare. *Didrachme.* Superbe.
16	7.98	Æ 19	ƧΑЯΑΤ. Taras sur le dauphin à d., tenant le poulpe comme dans les précédents. — ℞. ƧΑЯΑΤ. Hippocampe ailé tourné à g. ; au-dessous, pétoncle. Bordure radiée. BMC. 43. Très rare. *Didrachme.* Très belle.
17	7.84	Æ 20	Même type que le précédent. La chevelure de Taras sans les tresses en arrière qui sont dans les types archaïques précédents. Très rare. Belle.
18	7.60	Æ 20	ΤΑΡΑƧ. Taras comme dans la précédente, sans tresses. — ℞. Légende disparue ou inexistante ? Hippocampe ailé tourné à d. Bordure radiée. Très rare. Belle.
19	8.00	Æ 19	Type pareil au précédent ; sauf que dans l'avers la légende ΤΑΡΑƧ est placée perpendiculairement devant le dauphin. Très rare. Belle.

Nos	Poids en gram.	Métal et Module	
20	7.40	Æ 20	Même type, dans l'avers la légende TAP—A—Ƨ placée encore différemment, au-dessous et devant le dauphin. Dans le revers même hippocampe à d. et légende ƧAЯAT. BMC. 44. Très rare. Belle.
21	8.05	Æ 18	Même type, dans l'avers la légende placée encore différemment T—A—(R)—A—(Ƨ) circulaire. Très rare. Très belle. Provient de la collection Pozzi.
22	7.98	Æ 18	Même type, dans l'avers la légende est placée encore différemment Ƨ—A—◁—A—T rétrograde et circulaire. Dans le revers, même type et légende TAPAƧ. Très rare. Très belle.
23	8.02	Æ 19	Même type. Légende ◁AT dans l'avers et dans le revers TA◁. Très rare.
24	8.06	Æ 18	Même type, dans l'avers la légende circulaire Ƨ—A—◁—A—T et dans le revers ƧA◁AT ; le pétoncle sous le dauphin est si petit qu'il ressemble à un petit point. Provient de la collection Weber, n° 524. Très rare. Très belle.
25	8.07	Æ 18	Même type, dans l'avers la légende TAPAƧ placée devant le dauphin, et dans le revers TAPA(Ƨ). Var. de BMC. 48. Très rare. Très belle.
26	7.65	Æ 18	Même type, le pétoncle très petit. Rare. Belle.
27	8.00	Æ 17	Même type, dans le revers la légende ƧA◁AT placée sous l'hippocampe. BMC. 44. Provient de la collection Weber, n° 521. Rare. L'avers est oxydé ; revers très beau.
28	7.95	Æ 17	Même type. TAPA dans l'avers. Dans le revers le pétoncle est placé au milieu de la légende A◁—AT. Rare. Belle.
29	7.88	Æ 16	Même type. Dans le revers ƧA◁AT entre l'hippocampe et le pétoncle. Module très petit, d'une forme presque globulaire. Rare. Belle. *Nota.* — La nombreuse série de ces *didrachmes* au type de Taras tenant le poulpe (n°s 14 à 29) est fort intéressante à cause du changement de style dans la figure de Taras et de l'hippocampe. Notable aussi le changement de la forme de la lettre R qui après devient P (la tige du devant réduite à moitié) et finit en P.
30	7.20	Æ 20	ƧA◁AT. Taras sur le dauphin à g., les deux bras tendus en avant ; au-dessous, pétoncle. — ℞. Roue à quatre rais dans un cercle uni. BMC. 39. Extrêmement rare. *Didrachme*. Belle.
31	7.65	Æ 19	TAPAƧ. Même Taras à g., avec les deux bras tendus en avant ; cercle linéaire. — ℞. Sans légende. Hippocampe ailé à d. Var. de BMC. 49. Pièce de très beau style. Très rare. *Didrachme*. Très belle.
32	8.05	Æ 20	Même légende et même type ; cercle de grènetis. — ℞. Sans légende. Hippocampe ailé tourné à g. Champ concave. BMC. 49. Extrêmement rare. Cinquième exempl. connu. *Didrachme*. Très belle.
33	7.83	Æ 17 × 20	ƧA◁AT. Taras sur le dauphin à d., étendant les bras en avant et tenant une couronne des deux mains comme s'il couronnait le dauphin ; au-dessous, pétoncle ; cercle de grènetis. — ℞. Sans légende. Hippocampe ailé tourné à d. ; au-dessous, un crabe ; champ concave. BMC. 51. Extrêmement rare ; quatrième exempl. connu. Provient de la collection Bunbury et des doubles Vlasto. *Didrachme*. Très belle.

N^{os}	Poids en gram.	Métal et Module	
34	1.22	Æ 10	Sans légende. Dauphin à d. ; au-dessous, pétoncle. Bordure guillochée. — R⁄. Hippocampe ailé à d. Var. de BMC. 55. Très rare. *Diobole*. Belle.
35	0.70	Æ 10	Pétoncle dans un cercle linéaire. — R⁄. ΣΑΛΑΤ. Dauphin à d. ; au-dessous, pétoncle. Cercle linéaire, champ concave. BMC. 60. Provient de la collection Weber, n° 515. Rare. *Litra*. Très belle.
36	0.75	Æ 10	— Un deuxième exemplaire, le pétoncle plus petit. Beau.
37	0.70	Æ 10	Pétoncle dans un cercle linéaire. — R⁄. Sans légende, sans symbole. Dauphin à d., au milieu du champ concave. Manque dans BMC. Très rare. *Litra*. Superbe.
38	0.38	Æ 7	Pétoncle ; cercle de grènetis. — R⁄. AT—ΣΑΛ. Quenouille. Bordure radiée. Manque dans BMC. Provient de la collection Weber, n° 528. Très rare. *Hémilitra*. Très belle.
39	7.28	Æ 17	Tête de la nymphe Satyra à g., d'un style archaïque, dans un cercle uni ; champ concave. — R⁄. ΣΑΛΑΤ. Taras sur le dauphin à d., étendant le bras droit en avant et posant la main gauche en arrière sur le dauphin ; au-dessous, pétoncle ; le tout dans un cercle uni en fort relief. Manque dans BMC. Var. de Ev. Pl. I, 6. De la plus grande rareté. Troisième exempl. connu. *Didrachme*. Belle.
40	0.80	Æ 10	Pétoncle ; cercle linéaire. — R⁄. Tête de nymphe à d., les cheveux relevés, dans un cercle linéaire ; champ concave. BMC. 89. Provient de la collection Weber, n° 541. Rare. *Litra*. Très belle.
41	0.69	Æ 10	Un deuxième exemplaire avec quelques petites variétés. Provient de la collection Weber, n° 544. Rare. Très belle.
42	0.58	Æ 10	Pétoncle ; cercle linéaire. — R⁄. Tête de nymphe à d., les cheveux liés par une double cordelette retombant sur la nuque ; champ concave. BMC. 91. (Vlasto). Rare. *Litra*.
43	0.32	Æ 7	Même type. BMC. 96. *Hémilitra*.
44	0.75	Æ 10	Pétoncle ; cercle linéaire. — R⁄. Tête de nymphe à d. ; les cheveux ondés et courts, champ concave. Pièce de très beau style. Très rare. *Litra*. Superbe.
45	0.74	Æ 10	Pétoncle ; cercle linéaire. — R⁄. Tête de nymphe à d., les cheveux ondés et relevés ; champ concave. Provient de la collection Pozzi. Rare. *Litra*. Belle.
46	0.33	Æ 8	Même type, les cheveux courts et légèrement relevés sur la nuque, champ concave. Provient de la collection Pozzi. Rare. *Hémilitra*. Belle.
47	0.80	Æ 10	Pétoncle ; cercle linéaire. — R⁄. Tête de nymphe à g., les cheveux liés et relevés sur la nuque ; champ concave. Rare. *Litra*. Belle.
48	0.33	Æ 8	Même type ; la tête de nymphe entre trois globules disposés en triangle. Extrémement rare. *Hémilitra*. Très belle.
49	0.82	Æ 10	Pétoncle ; cercle linéaire. — R⁄. Tête de nymphe à g. ; les cheveux ondés et relevés sur la nuque. Rare. *Litra*. Très belle.
50	0.60	Æ 10	Un deuxième exempl., avec quelques petites variétés. Rare. Beau.
51	0.29	Æ 7	Même type. Rare. *Hémilitra*. Belle.

N^{os}	Poids en gram.	Métal et Module	
52	0.85	Æ 10	Pétoncle ; cercle linéaire. — R/. Tête de nymphe à g., les cheveux relevés ; boucles d'oreilles. Rare. *Litra*. Belle.
53	0.77	Æ 9	Un deuxième exempl. légèrement varié. Rare. Beau.
54	0.74	Æ 9	Un troisième exempl. encore varié.
55	0.66	Æ 10	Un quatrième exempl., la tête encore différente, les cheveux liés avec triple cordelette à la nuque. Rare.
56	0.82	Æ 10	Même type ; la tête de nymphe avec les cheveux relevés, mais sans boucles d'oreilles. Rare. *Litra*. Belle.
57	0.79	Æ 10	Un deuxième exempl. Rare. Beau.
58	0.38	Æ 7	Même type. Rare. *Hémilitra*.
59	3.70	Æ 16	Tête de la nymphe Satyra à d. ; les cheveux finissant en petit chignon relevé à la nuque ; champ concave. — R/. ƧAꟼAT. Protomé d'hippocampe ailé à d. ; au-dessous, pétoncle ; double cercle linéaire. Manque dans BMC. Provient de la collection Pozzi. Extrêmement rare. *Drachme*. Belle.
60	3.57	Æ 16	AT. Même tête de Satyra à d. ; les cheveux liés finissant en petit chignon au centre de la tête. — R/. Protomé d'hippocampe à d. ; la légende circulaire ƧA—ꓘAT est coupée par le pétoncle ; cercle de grènetis. Manque dans BMC. Extrêmement rare. *Drachme*. Belle.
61	3.62	Æ 15	Tête de la nymphe Satyra à d., les cheveux liés par une double cordelette tombant sur la nuque, finissant dans un petit bouton ; champ concave. — R/. Protomé d'hippocampe à g. ; au-dessous, pétoncle ; cercle linéaire. Manque dans BMC. Catalogue Weber, n° 527. Provient de la collection Pozzi. Extrêmement rare. *Drachme*. Belle.

480-473 av. J.-C.

62	7.26	Æ 22	ƧAꓘ(AT). Taras sur le dauphin à d., les deux bras tendus en avant ; au-dessous, pétoncle et poulpe. Bordure guillochée. — R/. Phalantos assis à d. sur un siège carré, tenant une quenouille de la main gauche, et un kantharos de la main droite, le bras tendu en avant. Bordure guillochée. BMC. 70. Vl. groupe I, 2. Provient de la collection Weber, n° 531. Rarissime. *Didrachme*. Très belle.
63	6.05	Æ 21	Un deuxième exempl. varié, avec double cercle linéaire au lieu de la bordure guillochée. Vl. groupe I, 3. (Vlasto). Très rare.
64	7.95	Æ 22	Un troisième exempl. encore varié. Le kantharos est tenu obliquement ; double cercle linéaire. Vl. groupe I, 4. Rarissime. Beau.

IIe Période. — *473-460 av. J.-C.*

65	7.90	Æ 22	(Ƨ)Aꓘ(T). Taras sur le dauphin à d. ; les deux bras tendus en avant ; au-dessous, pétoncle. — R/. ΤΑΡΑΣ. Phalantos assis à g., sur un siège carré, tenant une quenouille de la main droite, le bras gauche repose, posant la main sur le siège, le tout dans une couronne d'olivier. Vl., n° 13. De la plus grande rareté. Deuxième exempl. connu. *Didrachme*. Très belle.

Nota. — M. Vlasto, en donnant la description de cette pièce rarissime, à la page 70 de son ouvrage, cite cette même pièce comme appartenant à la collection de M. Côte.

Nᵒˢ	Poids en gram.	Métal et Module	
66	7.75	Æ 23	**ΣΑϞΑΤ**. Taras sur le dauphin à d., comme dans le précédent, cercle de grènetis. — ℞. (**TA**)**PAΣ**. Phalantos assis à g., sur un siège carré, tenant une quenouille de la main droite, et un bâton de la main gauche, le bras tendu en arrière en bas. Vl., nᵒ 14 H. Provient de la trouvaille de Tarente, 1914. Très rare. *Didrachme.*
67	8.05	Æ 23	Type pareil au précédent, champ concave dans le revers. Vl., nᵒ 14 L. Provient de la collection Weber, nᵒ 532. Très rare. Pièce superbe.
68	7.72	Æ 22	(**T**)**APAΣ**. Phalantos sur le dauphin à d. ; les deux bras tendus en avant ; au-dessous, pétoncle. Grènetis entre double cercle linéaire. — ℞. Sans légende. Taras demi-nu assis à g., sur un siège carré jouant avec un dauphin qu'il fait sauter sur sa main droite, et tenant un bâton de la main gauche, le bras tendu en arrière en bas. Type de Vl., nᵒ 16. Inédit avec Phalantos assis à g. *Didrachme.*
69	7.55	Æ 23	Phalantos sur le dauphin à g., les deux bras tendus en avant ; devant lui, la lettre **A** ; au-dessous, pétoncle ; cercle de grènetis. — ℞. Taras assis à g., comme dans la précédente, tenant une quenouille de la main droite et le bâton de la main gauche. Vl., nᵒ 16 B. Provient de la trouvaille de Tarente, 1914. Très rare. *Didrachme.* Belle.
70	7.50	Æ 21	Un deuxième exempl., avec quelques petites variétés ; cercle linéaire dans l'avers. Vl., nᵒ 16 E. Très rare.
71	7.45	Æ 22	Type pareil aux précédents, avec légende **TAPANTINOΣ** dans l'avers. Vl., nᵒ 16 H. Provient de la trouvaille de Tarente, 1914. Très rare. Belle.
72	7.50	Æ 23	(**T**)**APAϞ**. Phalantos sur le dauphin à g. ; au-dessous, pétoncle ; cercle de grènetis. — ℞. Taras assis à d., sur un siège carré, tenant un bâton de la main droite, et un kantharos de la main gauche, le bras tendu en avant. Vl., nᵒ 17 A. Très rare. *Didrachme.* Belle.

IIIᵉ Période. — 460-443 av. J.-C.

Nᵒˢ	Poids en gram.	Métal et Module	
73	7.60	Æ 23	**ϟΑϞΑΤ**. Phalantos sur le dauphin à g., le bras droit tendu en avant, le bras gauche repose posant la main sur le dauphin ; au-dessous, pétoncle. — ℞. Sans légende. Taras assis à g., sur une chaise carrée, tenant une quenouille de la main droite tendue en avant, et un bâton penché de la main gauche ; champ concave. Provient de la collection Weber, nᵒ 534. Unique. Même exempl. gravé dans Vlasto, 20 A. *Didrachme.* Très belle.
74	7.90	Æ 21	Même type avec quelques variantes. Même exempl. gravé dans Vl., nᵒ 20 B. Provient de la collection Pozzi. Très rare. Belle.
75	7.57	Æ 21	**TAPAN** (**TΙΝΩN**). Phalantos sur le dauphin à g., tenant un strigile de la main droite tendue en avant, le bras gauche repose sur le dauphin ; au-dessous, une crevette. — ℞. **TAPAΣ**. Taras assis à g., sur une chaise carrée, tenant une quenouille de la main droite et un bâton de la main gauche posé sur la chaise. Même exempl. gravé dans Vl., nᵒ 24. Très rare. *Didrachme.* Belle.
76	7.68	Æ 24	Sans légende. Taras assis à g., sur une chaise carrée, tenant une quenouille de la main droite tendue en avant et un bâton penché de la main gauche. — ℞. Phalantos sur le dauphin à g., tendant les mains ouvertes en avant comme pour applaudir ; champ concave. Vl., nᵒ 25 A. Très rare. *Didrachme.* Belle.

Nᵒˢ	Poids en gram.	Métal et Module	
77	7.45	Æ 23	**ΤΑΡΑΝΤΙΝΩΝ**. Phalantos sur le dauphin à d., tendant la main droite ouverte en avant, le bras gauche repose en posant la main sur le dauphin ; au-dessous, pétoncle. — ℞. Taras assis à g., sur une chaise carrée, tenant une quenouille de la main droite et un bâton vertical de la main gauche. Vl., nᵒ 27. Très rare. *Didrachme*. Belle.
78	7.40	Æ 21	Sans légende. Phalantos sur le dauphin à g., tenant une couronne d'olivier dans la main droite tendue en avant; au-dessous, une crevette. — ℞. Taras assis à g., sur une chaise carrée, tenant une quenouille et un bâton penché. Vl., nᵒ 30 C. Très rare. *Didrachme*.
79	7.00	Æ 22	Même type, sauf que Taras tient un petit kantharos de la main droite étendue en avant, et un bâton de la main gauche. Vl., nᵒ 31. Très rare. *Didrachme*.
80	6.67	Æ 21	Un deuxième exemplaire avec quelques petites variétés. Très rare.
81	6.87	Æ 21	Phalantos sur le dauphin à g., comme dans les précédents. — ℞. Taras assis à g., sur une chaise dont les jambes sont courbées, tenant un kantharos de la main droite et une quenouille de la main gauche. Vl., nᵒ 32. Très rare. *Didrachme*. Oxydée.
82	7.95	Æ 22 × 25	Sans légende. Taras assis à g., sur une chaise carrée, tenant de la main droite tendue en avant un kantharos incliné sur un autel carré, et tenant une longue quenouille de la main gauche posée sur sa chaise. — ℞. **ΤΑΡΑΝΤΙΝΩΝ**. Phalantos sur le dauphin à d., étendant le bras droit en avant, la main ouverte ; le bras gauche repose, posant la main sur le dauphin ; au-dessous, pétoncle. Vl., nᵒ 33 B. Provient de la collection Caprotti, et des doubles Vlasto. Très rare. *Didrachme*. Belle.

IVᵉ Période. — 443-400 av. J.-C.

Nᵒˢ	Poids en gram.	Métal et Module	
83	7.60	Æ 21	**(Ͷ)ΩͶΙΤ-ΝΑϞΑΤ**. Phalantos sur le dauphin à g., tenant un strigile de la main droite étendue en avant et posant la main gauche sur le dauphin ; au-dessous, une crevette. — ℞. Sans légende. Taras assis à g., tenant un oiseau de la main droite, et posant le coude gauche sur le bras de son siège, champ concave. Vl., nᵒ 37 A. Très rare. *Didrachme*. Belle.
84	7.57	Æ 21	Un deuxième exempl. avec quelques petites variantes. La chaise est moins visible que dans la précédente. Vl., nᵒ 37 B. Très rare.
85	7.80	Æ 20 × 22	Type pareil aux précédents. — ℞. Taras assis à g. le coude gauche posé sur le bras de son siège et tenant un fuseau de la main gauche tendue en avant, qu'une panthère cherche à atteindre. Vl., nᵒ 41 A. Rarissime. *Didrachme*. Belle.
86	7.80	Æ 20	Un deuxième exempl. dans lequel la panthère n'est pas visible. Rarissime.
87	7.73	Æ 18 × 21	**(ΤΑ)ΠΑΝΤΙΝΩ(Ν)**. Phalantos casqué sur le dauphin à g., tenant un acrostolium de la main droite, et un bouclier rond et deux javelots de la main gauche ; au-dessous du dauphin, un thon. — ℞. Taras assis à g., tenant un kantharos (non visible) de la main droite et une quenouille longue du bras gauche. Vl., nᵒ 46. Rarissime. *Didrachme*. Belle.
88	7.58	Æ 19	Sans légende. Phalantos sur le dauphin à g., tenant le bras droit étendu en avant, et portant un bouclier échancré mycénien ; au-dessous, pétoncle. — ℞. Taras assis

Nᵒˢ	Poids en gram.	Métal et Module	
			à g., sur une chaise carrée, tenant un bâton de la main droite, pendant que le bras gauchs repose, posant la main sur la chaise; derrière lui, une quenouille penchée. Vl., nᵒ 50 G. Très rare. *Didrachme*. Belle.
89	7.60	Æ 19×22	Même type que le précédent. — R/. Taras assis à g., tenant sur la palme de la main droite tendue une quenouille verticale, et de la main gauche tombant en arrière, une ampoule et un strigile. Vl., nᵒ 53. Très rare. *Didrachme*. Belle.
90	7.82	Æ 22	Un deuxième exempl. varié, la figure de Taras est plus grande; champ concave. Vl., nᵒ 53 C. Très rare. Très beau.
91	7.78	Æ 21	Sans légende. Phalantos sur le dauphin à g., tenant un strigile de la main droite; la main gauche posée sur le dauphin; au-dessous, une crevette. — R/. Taras assis à g., comme dans les précédents. Vl., nᵒ 56. Provient de la collection Pozzi. Très rare. *Didrachme*. Très belle.
92	7.95	Æ 21	**ΤΑΡΑΝ(ΤΙΝΩΝ)**. Phalantos sur le dauphin à g., comme dans le précédent. — R/. Sans légende. Taras assis à g., tenant la quenouille verticale sur la palme de la main droite tendue en avant; le bras gauche repose, tombant en arrière de sa chaise, la main ouverte. Vl., nᵒ 56 A. Provient de la collection Pozzi. Très rare. *Didrachme*. Très belle.
93	7.05	Æ 17×21	Phalantos sur le dauphin à g., étendant le bras droit en avant, et tenant une poulpe de la main gauche; au-dessous, pétoncle. — R/. Taras assis à g., d'un style barbare. Vl., nᵒ 59 C. Très rare.
94	7.53	Æ 18×20	Un deuxième exempl. varié et de beau style. Même exempl. gravé dans Vl., nᵒ 60. Unique. *Didrachme*. Belle.

Iʳᵉ Période de transition. — 450-430 av. J.-C.

Nᵒˢ	Poids en gram.	Métal et Module	
95	7.60	Æ 21	Cavalier nu au galop à d. — R/. **ΤΑΡΑΣ**. Taras sur le dauphin à d., au milieu de gros flots, le bras gauche tendu en avant, la main ouverte; le bras droit repose, posant la main sur le dauphin. Bordure guillochée. Ev. Pl. II, 1. Rarissime. *Didrachme*. Belle.
96	7.22	Æ 22	Cavalier au galop à g., tenant le cheval par les brides. — R/. (ИΩИ) ΙΤИAᐯAT. Taras sur le dauphin à g., le bras droit tendu en avant; la main gauche posée sur le dauphin; au-dessous, pétoncle. Ev. I, A 2. Très rare. *Didrachme*. Belle.
97	7.68	Æ 20×24	Même cavalier à g., champ concave. — R/. И(ΩИΙ)ΤИAᐯAT. Taras sur le dauphin à d., le bras droit tendu en avant, la main ouverte; la main gauche posée sur le dauphin; au-dessous, pétoncle, double cercle linéaire et grènetis. Variété inédite avec Taras à droite. Type de Ev. I, A 2. Extrêmement rare. *Didrachme*. Pièce superbe.
98	7.00	Æ 22	Même cavalier à d., champ concave. — R/. **ΤΑΡΑΝΤΙΝΩΝ**. Taras sur le dauphin à d., tenant un strigile (?) de la main droite, et posant la main gauche sur le dauphin; au-dessous, pétoncle. Variété inédite, après Ev. I, A 2. Très rare. *Didrachme*. Belle.
99	7.68	Æ 21	Même cavalier à g., champ concave. — R/. Légende presque disparue. Taras sur le dauphin à d., le bras droit tendu en avant, la main gauche posée sur le dauphin; au-dessous, pétoncle. Variété inédite. Type de Ev. I, B 1. Rare. *Didrachme*.

Nᵒˢ	Poids en gram.	Métal et Module	
100	7.40	Æ 20	Un deuxième exempl. ; même type, mais style différent. Rare.
101	6.80	Æ 21	Un troisième exempl. encore varié ; un kantharos au-dessous du cavalier. Inédite. Très rare. *Didrachme*. Belle.
102	0.69	Æ 9	Pétoncle. — R⁄. Dauphin à g., au-dessous, pétoncle et lettre Λ; champ concave. *Litra*. Belle. Peut-être appartenant à la IIᵉ Période.
103	7.85	Æ 21×23	Cavalier au pas à d., tenant son cheval par les brides. — R⁄. ΤΑΡΑ(ΝΤΙΝΩΝ). Taras sur le dauphin à d., le bras droit tendu en avant, la main gauche posée sur le dauphin ; au-dessous, pétoncle. Type de Ev. I, C 1. Provient de la collection Weber, nᵒ 557. Rarissime. *Didrachme*. Belle.

IIᵉ Période. — *420-380 av. J.-C.*

Nᵒˢ	Poids en gram.	Métal et Module	
104	7.65	Æ 22	Cavalier coiffé du pilos au galop à d., tenant son cheval par la bride et une lance de la main gauche. — R⁄. Taras sur le dauphin à g., levant la main droite et tenant la main gauche sur le dauphin ; au-dessous, pétoncle et les flots. BMC. Suppl. page 400, 1. — Ev. II, A. Extrêmement rare. *Didrachme*. Belle.
105	7.90	Æ 21	Cavalier casqué au galop à g., assis de face sur son cheval, la jambe gauche pliée au genou, tenant le cheval par la bride et portant une lance et un bouclier rond de la main gauche. — R⁄. (Τ)ΑΡ(ΑΣ). Taras sur le dauphin à g., tenant un casque dans sa main droite levée, et un bouclier ovale et une lance de la main gauche, BMC. 263. Ev. II, C 1. Très beau style. Très rare. *Didrachme*. Très belle.
106	7.22	Æ 21	Un deuxième exempl., de style différent. Le cavalier est plus grand, et aussi le bouclier rond. Très beau style. Beau.
107	0.52	Æ 9	Pétoncle. — R⁄. Dauphin à g., au-dessous EH ; champ concave. *Obole*. Belle.
108	7.30	Æ 19×21	Cavalier nu-tête au galop à g., assis de face sur son cheval, et tenant un petit bouclier ovale à son bras gauche ; au-dessous Σ. — R⁄. Taras sur le dauphin à g., tenant un acrostolium de la main droite et posant la main gauche sur le dauphin ; au-dessous Σ-ΤΑΡΑΣ, cercle linéaire. Variété qui manque dans Evans. Rare *Didrachme*.
109	7.60	Æ 21	Cavalier nu-tête au galop à g., tenant son cheval par la bride, et un bouclier rond à son bras gauche. — R⁄. ΤΑΡΑΣ. Taras sur le dauphin à d., le bras gauche tendu en avant et pointant sa lance en bas de sa main droite. Ev. II, D 3. Rare. *Didrachme*.
110	6.27	Æ 21	Un deuxième exempl., avec quelques variantes. Rare.
111	7.25	Æ 21	Cavalier nu-tête au repos, à d., couronnant son cheval ; un caducée devant le cheval. — R⁄. ΤΑΡΑΣ. Taras sur le dauphin à d. ; le bras gauche tendu en avant, la main ouverte ; la main droite posée sur le dauphin. Ev. II, E 2. Très rare. *Didrachme*.
112	0.34	Æ 9	Pétoncle. — R⁄. Dauphin à d. ; au-dessus, caducée ; au-dessous, Τ. Rare. *Hémilitra*. Très belle.
113	6.05	Æ 20	Cavalier au repos à d., couronnant son cheval. — R⁄. Taras sur le dauphin à d. Ev. II, E 5. *Didrachme fourrée*.

Nᵒˢ	Poids en gram.	Métal et Module	
114	7.60	Æ 20	Cavalier nu-tête au galop à d., tenant un fouet de la main droite ; au-dessous, Λ ; cercle linéaire. — Ŗ/. **TARAΣ**. Taras sur le dauphin à g., tenant un acrostolium de la main droite tendue en avant. Ev. II, H 1. Très rare. *Didrachme*. Très belle.
115	7.65	Æ 18×20	Un deuxième exempl., sans lettre sous le cheval. Ev. II, H 2. Rare. Beau.
116	7.55	Æ 20×22	Cavalier au repos à g., couronnant son cheval et portant un petit bouclier rond à son bras gauche. — Ŗ/. **TAPANTINΩN**. Taras sur le dauphin à d. ; le bras gauche tendu en avant, la main vide et lançant un javelot de la main droite levée ; cercle linéaire. Type de Ev. II, K 1. Rarissime. *Didrachme*. Belle.
117	6.50	Æ 18×20	Même type avec légende **TAPAΣ**. Ev. II, K 1. Rarissime. Belle.
118	7.50	Æ 22	Cavalier au galop à g., les cheveux épars, tenant des deux mains les brides de son cheval ; au-dessous ƎΛ ; cercle linéaire. — Ŗ/. **TAPAΣ**. Taras comme dans les précédents. Ex. II, L 2. Rarissime. Belle.

IIIᵉ Période. — *380-345 avant J.-C. Époque d'Architas.*

119	7.68	Æ 20	Cavalier nu au repos à d., couronnant son cheval ; cercle linéaire. — Ŗ/. **TAPAΣ**. Taras au repos assis de côté sur le dauphin à g., et posant les deux mains sur la tête et sur la queue du dauphin. Ev. III, A 1. Rare. *Didrachme*. Belle.
120	7.55	Æ 20	Un deuxième exempl. avec quelques petites variantes. Rare. Beau.
121	7.57	Æ 18×20	Même cavalier à d. ; devant le cheval, caducée, et au-dessous, lettre Λ ; cercle linéaire. — Ŗ/. **TAPAΣ**. Taras comme dans les précédentes ; sur le corps du dauphin, lettre Η et au-dessous, dans le champ, lettre P. Ev. III, A 2. Extrêmement rare. Quatrième exempl. connu. *Didrachme*. Belle.
122	7.62	Æ 20	Même cavalier à d., les cheveux épars, sans le caducée ; lettre Λ au-dessous du cheval. — Ŗ/. Taras sur le dauphin à g., tenant un acrostolium et posant la main gauche sur le dauphin ; au-dessous, Λ-**TAPAΣ**. Ev. III, A 3. Rare. *Didrachme*.
123	7.50	Æ 19	Cavalier nu au galop à d. ; au-dessous Λ. — Ŗ/. **TAPAΣ**. Taras sur le dauphin à g., tenant un acrostolium comme dans la précédente. Ev. III, B 1. Rare. *Didrachme*.
124	7.45	Æ 20	Même cavalier au galop à d., sans lettre au-dessous. — Ŗ/. **TAPAΣ**. Taras comme dans la précédente. Ev. III, B 2. Rare. Belle.
125	7.57	Æ 18×20	Un deuxième exempl. avec quelques variantes. Rare. Beau.
126	7.72	Æ 19	Un troisième exempl. ; cercle linéaire dans l'avers et dans le revers. Provient de la vente Stantford de Londres. Rare. Très belle.
127	7.90	Æ 20	Un quatrième exempl. semblable. Sur le corps du dauphin, la lettre Η. Provient des collections Strozzi et Colignon. Rare. Très beau.
128	7.75	Æ 18	Un cinquième exempl. semblable ; la lettre Η sur le corps du dauphin est placée près de la tête. Rare. Très beau.
129	7.70	Æ 19	Un sixième exempl. semblable, avec la même lettre Η. Rare. Très beau.
130	7.92	Æ 20	Cavalier au galop à d. ; au-dessous Λ. — Ŗ/. **TAPAΣ**. Taras sur le dauphin à d., tendant le bras gauche en avant, la main ouverte ; la main droite est posée sur

N^{os}	Poids en gram.	Métal et Module	
			le dauphin ; au-dessous, lettre Λ. Manque dans Evans. *Didrachme.* Très rare. Très belle.
131	6.70	Æ 19	Cavalier au repos à g., tenant son cheval par la bride, et portant un petit bouclier ovale au bras gauche ; au-dessous, Λ. — R⁄. ΤΑΡΑΣ. Taras au repos assis de côté sur le dauphin à g. et posant les deux mains sur la tête et sur la queue du dauphin ; au-dessous, lettre P. Ev. III, C 2. *Didrachme.* Rare. Belle.
132	7.28	Æ 20	Un deuxième exempl. avec quelques petites variantes. Rares. Beau.
133	7.72	Æ 20	Un troisième exempl. encore varié, sans la lettre P au-dessous du dauphin. Ev. III, C 1. Rare. Très beau.
134	7.80	Æ 20	Un quatrième exempl. encore varié ; la lettre Y au-dessous du cheval et la lettre Λ au-dessous du dauphin. Var. de Ev. III, C 3. Rare. Très beau et de beau style.
135	7.78	Æ 21	Cavalier casqué au galop à g., tenant son cheval par la bride et portant un petit bouclier rond à son bras gauche ; au-dessous, la lettre Δ. — R⁄. ΤΑΡΑΣ. Taras assis de côté sur le dauphin à g., tenant un kantharos et posant la main gauche sur le dauphin ; au-dessous, lettre E. un petit poisson tourné à g. et les flots. Ev. III, D 1. Rare. *Didrachme.* Belle.
136	7.70	Æ 21	Un deuxième exempl. avec quelques variantes ; la légende ΤΑΡΑ-Σ est placée différemment, et la lettre E sous le dauphin. Rare. Très belle.
137	6.70	Æ 20	Cavalier à g., menant un second cheval et couronné par une Victoire volant à g. Devant les chevaux, lettre K ; entre leurs jambes ΦI. — R⁄. ΤΑΡΑΣ. Taras assis de côté sur le dauphin à g., se retournant pour viser un poisson de son trident ; au-dessous, lettre Ч et les flots ; dans le champ en haut, derrière Taras, une tablette carrée sans inscription. Ev. III, G 3. Très rare. *Didrachme.*
138	7.70	Æ 21	Cavalier au repos à d. Devant le cheval, un hermès, entre les jambes HE. — R⁄. ΤΑΡΑΣ. Taras sur le dauphin à g., tenant une oenochoé et posant la main gauche sur le dauphin. Ev. III, H. 1. Très rare. *Didrachme.* Belle.
139	7.65	Æ 19×22	Cavalier à g., couronnant son cheval ; au-dessous, lettre Λ. — R⁄. ΤΑΡΑΣ. Taras sur le dauphin à g., tenant un kantharos, au-dessous, P et une petite coquille. Ev. III, K 1. Rare. *Didrachme.* Belle.
140	7.50	Æ 19	Un deuxième exempl. ; pétoncle sous le cheval et sans lettre ni coquille au-dessous du dauphin. Rare. Beau.
141	7.82	Æ 19	Un troisième exempl. ; lettre Λ sous le cheval et lettre P sous le dauphin. Ev. III, K 2. Rare. Pièce splendide.
142	7.80	Æ 20	Un quatrième exempl. ; palladium sous le cheval et lettre A sous le dauphin. Ev. III, K 3. Rare. Très beau.
143	7.45	Æ 20	Cavalier assis de côté sur son cheval au galop à g., tenant le cheval par la bride et levant le bras gauche muni d'un bouclier rond, les cheveux épars ; au-dessous du cheval, lettre Γ. — R⁄. Taras sur le dauphin à g., tenant un poisson. Ev. III, L 1. *Didrachme.* Pièce de beau style, très beau l'avers.
144	7.87	Æ 21	Même type ; lettre A sous le dauphin. Très belle.
145	7.90	Æ 20	Même type ; la lettre Γ sous le cheval est renversée. Très belle pièce de joli style.

Nᵒˢ	Poids en gram.	Métal et Module	
146	7.68	Æ 20 ✕ 23	Même type ; la lettre Γ normale. Belle.
147	7.77	Æ 20	Même type ; très belle pièce et le poisson bien visible dans la main de Taras.
148	7.70	Æ 20 ✕ 22	Même type ; le cavalier se prépare à descendre de son cheval ; il tient un javelot en plus du bouclier rond. Très belle et de beau style.
149	7.87	Æ 19 ✕ 21	Même type ; lettre A sous le cheval et lettre Σ sous le dauphin. Très belle.
150	7.68	Æ 21	Même type ; lettre Λ sous le cheval ; pas de lettre sous le dauphin et Taras tenant un acrostolium. Variété qui manque dans Evans. Provient de la vente Stantford de Londres. Rare. Très belle.
151	7.90	Æ 20	Un deuxième exempl. semblable. Cercle linéaire dans l'avers et dans le revers. Très beau.
152	7.65	Æ 21	Même cavalier au galop à g., tenant un bouclier rond et un javelot ; au-dessous, lettre Ⱶ. — ℞. ΤΑΡΑΣ. Taras sur le dauphin à g., tenant un casque corinthien dans la main droite, et posant la main gauche sur le dauphin ; au-dessous, lettre I et les flots. Var. de Ev. III, L 3. Extrêmement rare. *Didrachme*. Très belle.
153	7.77	Æ 21	Un deuxième exempl. avec lettre Ж au lieu d'I au-dessous du dauphin. Var. de Ev. III, L 3. Extrêmement rare. Très beau.
154	7.72	Æ 21	Même cavalier au galop à g. ; au-dessous, Δ. — ℞. ΤΑΡΑΣ. Taras sur le dauphin à g., portant un trident sur l'épaule droite et posant la main gauche sur le dauphin ; au-dessous, lettre K et les flots. Ev. III, L 4. Extrêmement rare. *Didrachme*. Très belle.
155	7.45	Æ 21	Même cavalier au galop à g. ; pas de lettre au-dessous. ℞. ΤΑΡΑΣ ⱵΑ. Taras sur le dauphin à d., tenant le trident sur l'épaule gauche et lançant un harpon de la main droite. Ev. III, L 5. Très rare. *Didrachme*. Belle.
156	7.50	Æ 21	Cavalier casqué assis de côté sur son cheval au galop à g., ayant un bouclier rond au bras gauche ; devant le cheval, lettre A ; au-dessous, lettre Σ et un kylix au centre duquel semble figurer un casque. — ℞. ΤΑΡΑΣ ΦΙ. Taras sur le dauphin à d., tenant le trident et lançant le harpon comme dans la précédente. Ev. III, E 1. Très rare. *Didrachme*. Belle.
157	7.12	Æ 20	Cavalier casqué au repos à g., tenant un bouclier ovale et un javelot de la main gauche ; au-dessous, Δ. — ℞. ΤΑΡΑΣ. Taras sur le dauphin à g., tenant le trident sur l'épaule droite et posant la main gauche sur le dauphin ; au-dessous, K et les flots. Ev. III, M 1. Rare. *Didrachme*. Belle.
158	7.30	Æ 19	Un deuxième exempl. semblable ; lettre Ⱶ au-dessous et un poisson, la tête en bas, devant le dauphin. Variété qui manque dans Evans. Très rare. Belle.
159	7.75	Æ 20	Cavalier casqué au galop à d., tenant un bouclier rond et un javelot de la main gauche, le bouclier est vu de dedans ; au-dessous, Ⱶ. — ℞. ΤΑΡΑΣ. Taras assis de côté sur le dauphin à g., tenant un vase de la main droite et posant la main gauche sur le dauphin ; au-dessous, lettre Γ et les flots. Ev. III, nᵒ 1. De la plus grande rareté. Troisième exempl. connu. *Didrachme*. Très belle.
160	7.70	Æ 21	Cavalier au repos à d., tenant la bride de son cheval de la main droite, la main gauche posée sur le flanc du cheval ; au-dessous, lettre Θ. — ℞. ΤΑΡΑΣ.

Nos	Poids en gram.	Métal et Module	
			Taras sur le dauphin à g., le bras droit étendu en avant, la main vide ; la main gauche est posée sur le dauphin ; lettre ☉ dans le champ. Ev. III, O 1. Rare. *Didrachme*. Belle.
161	7.38	Æ 22	Un deuxième exempl. sans la lettre ☉ dans le champ du revers. Rare. Beau.
162	7.77	Æ 18×21	Un troisième exempl. sans la lettre ☉ dans le champ du revers et avec quelques petites variantes. Rare. Beau.
163	7.97	Æ 19	Même cavalier à d., lettre ☉ au-dessous. — ℞. ΤΑΡΑΣ. Taras sur le dauphin à g., tenant un kantharos de la main droite tendue en avant : la main gauche posée sur le dauphin ; au-dessous, lettre Δ. Var. de Ev. III, O 3. Rare. *Didrachme*. Très belle.
164	7.68	Æ 19×21	Même type, entre les jambes du cheval, lettre ☉ et un kantharos. Ev. III, O 3. Extrêmement rare. Troisième exempl. connu. *Didrachme*. Belle.
165	7.95	Æ 19	Cavalier au galop à d., tenant la bride de son cheval de la main gauche, la main droite posée sur le flanc du cheval ; au-dessous, A—P. — ℞. ΤΑΡΑΣ. Taras sur le dauphin à g., tenant un kantharos de la main droite tendue en avant ; au-dessous, P. Var. de Ev. III, P 1. Très rare. *Didrachme*. Très belle.
166	7.85	Æ 19	Un deuxième exempl. semblable ; lettre X dessous, et lettre Φ derrière le dauphin. Var. de Ev., P 1. Très rare. Belle.
167	7.85	Æ 21	Un troisième exempl. ; lettre Ω au-dessous du dauphin. Var. de Ev. III, P 1. Très rare. Beau.
168	7.25	Æ 20	Un quatrième exempl. ; lettre ☉ au-dessous du cheval, et lettre ☉ au-dessus de la queue du dauphin. Très rare.
169	7.55	Æ 19	Même type et mêmes lettres. Beau.
170	7.65	Æ 19	Même type, lettre Δ au-dessous du cheval, et lettre Δ au-dessous du dauphin. Beau.
171	7.95	Æ 21	Même type, lettre Π au-dessous du cheval. — ℞. ΤΑΡΑΣ. Taras sur le dauphin à g. ; le bras droit tendu en avant, la main vide ; derrière lui, pétoncle. Manque dans Evans. De la plus grande rareté ; deuxième exempl. connu. *Didrachme*. Très belle.
172	7.90	Æ 20	Cavalier au galop à g., tenant les brides de son cheval des deux mains ; au-dessous, AP. — ℞. ΤΑΡΑΣ AP. Taras sur le dauphin à g., tenant une tenaille de la main droite, tendue en avant, et posant la main gauche sur le dauphin. Manque dans Evans. Pièce unique. *Didrachme*. Très belle.
173	7.70	Æ 20×22	Même cavalier à g., de style différent et sans lettre au-dessous du cheval. — ℞. ΤΑΡΑΣ. Taras sur le dauphin à g., tenant une couronne avec ruban (?) ; au-dessous, lettre X. Manque dans Evans. Pièce unique. *Didrachme*. Belle.
174	7.85	Æ 19×21	Cavalier au galop à d., tenant la bride de la main droite et dans l'attitude de frapper son cheval avec un fouet ; au-dessous, ΔOP. — ℞. ΤΑΡΑΣ. Taras sur le dauphin à g., le bras droit étendu en avant. Ev. III, Q 1. Très rare. *Didrachme*. Très belle.
175	7.80	Æ 20	Même cavalier à d. ; au-dessous, lettre Δ. — ℞. ΤΑΡΑΣ. Taras sur le dauphin à g.,

Nos	Poids en gram.	Métal et Module	
			tenant une couronne de la main droite tendue en avant. Ev. III, Q 1. Très rare. *Didrachme*. Très belle.
176	7.62	Æ 21	Cavalier au galop à g., tenant un bouclier rond à son bras gauche ; au-dessous, **A** ; le tout dans un cercle de flots. — ℞. **ΤΑΡΑΣ**. Taras assis de côté sur le dauphin à g., tenant un trident de la main droite ; la main gauche posée sur le dauphin ; le tout dans un cercle de flots. Ev. III, T. *Même exempl. gravé dans Evans. Pl. III, 14. Extrêmement rare. Didrachme.* Belle.
177	0.98	Æ 11	Cheval libre au galop à d. — ℞. **ΤΑΡ**. Taras sur le dauphin à d., tenant une quenouille penchée de la main gauche. Rare. *Diobole* (Vlasto).
178	0.93	Æ 11	Même cheval à d. — ℞. **(ΤΑΡ)**. Taras sur le dauphin à d., levant la main droite ; au-dessous, une tablette rectangulaire. Rarissime. *Diobole*. Médiocre.
179	0.68	Æ 10	Pétoncle, cercle linéaire. — ℞. **ΤΑ**. Dauphin à g. ; au-dessous, un poisson tourné à g. et les flots ; champ concave. Provient de la collection Pozzi, qui l'avait payée dans son temps 70 fr. Très rare. *Litra*. Belle.
180	0.31	Æ 7	Pétoncle. — ℞. Dauphin à g., sans symbole et sans lettres. Rare. *Hémilitra*. Belle.
181	0.26	Æ 7	Pétoncle, cercle linéaire. — ℞. Deux croissants et deux globules ; champ concave. Rare. *Hémilitra*. Belle.
182	0.16	Æ 7	Grande lettre **Τ** entourée de trois globules. — ℞. Pareil à l'avers ; champ concave. Rare. *Tartémorion*. Beau. Provient de la collection Pozzi.
183	0.69	Æ 10	Tête de nymphe à d., les cheveux relevés ; cercle linéaire. — ℞. **ΤΑ**. Dauphin à g. ; au-dessous, un poisson tourné à g. et les flots ; champ concave (Vlasto). Très rare. *Litra*. Belle.
184	0.52	Æ 9	Tête de nymphe à d., les cheveux retenus dans un sphendoné et flottant au vent, le tout dans un cercle de flots. — ℞. **ΤΑ**. Kantharos entouré de cinq globules. De la plus grande rareté, troisième exempl. connu. *Litra*. Très belle.
185	0.46	Æ 10	Tête de nymphe à d., coiffée différemment que dans la précédente, dans un cercle de flots. — ℞. Sans légende. Arc et massue en sautoir, entourés de cinq globules. Très rare. *Litra*.
186	0.75	Æ 11	Quenouille dans une couronne d'olivier. — ℞. Sans légende. Arc et massue en sautoir. Provient de la collection Pozzi. Très rare. *Diobole*. Belle.
187	0.81	Æ 11	Même type, avec trois javelots en plus de l'arc et de la massue. Très rare. Belle.
188	1.17	Æ 11	Tête d'Héraclès de face, coiffée de la peau de lion, une massue dressée à droite de son cou. — ℞. Héraclès debout de face, tourné à d., étouffant le lion entre ses jambes, Φ. Provient de la vente Hubert. Très rare. *Diobole*. Très belle et d'un style très fin.
189	1.15	Æ 11	Un deuxième exempl. avec des variantes. Très rare. Très beau.
190	1.07	Æ 11	Tête d'Héraclès à d., coiffée de la peau de lion. — ℞. Même type que les précédents, lettre Φ entre les jambes d'Héraclès. Provient de la collection Weber, nᵒ 589. Rarissime. *Diobole*. Très belle.

Nᵒˢ	Poids en gram.	Métal et Module	
191	1.09	Æ 11	Tête d'Athéna à d., coiffée d'un casque athénien orné d'un hippocampe. — ℞. TAPANT. Héraclès nu, assis à g., tenant la massue sur son genou droit. De toute rareté. *Diobole.* Très belle.
192	0.98	Æ 11	Même type, la légende est disparue. Héraclès assis à g., sur un rocher couvert des dépouilles du lion. Provient de la collection Weber. Très rare.

IVᵉ Période. — 344-334 av. J.-C. Époque d'Archidamos.

Nᵒˢ	Poids en gram.	Métal et Module	
193	8.55	OR 16	Tête de Perséphone-Gaia à d., diadémée et voilée d'un voile diaphane ; derrière, la lettre A. ℞. (T)APAΣ. Jeune cavalier à d. couronnant son cheval ; au-dessus du cheval, un gouvernail placé horizontalement ; au-dessous, buccinum, Σ— KYΛI(K). De la plus grande rareté. Cinquième exempl. connu. Ev. Pl. V, 2. *Statère.* Très beau. *Nota.* — Les exempl. jusqu'à présent connus de ce type rarissime se trouvent : British Museum = Berlin ex Loebekke = Vienne = Vlasto.
194	4.22	OR 14	TAPAN (TINΩN). Tête diadémée de Héra à d., cercle de grènetis. — ℞. TAPAΣ. Taras sur le dauphin à g., tenant un petit dauphin de la main droite tendue en avant, et un trident. BMC. 16. De la plus grande rareté. *Hémistatère.* Très beau.
195	1.40	OR 10	Tête diadémée de Héra à d. ; derrière, lettre K ; devant, lettres Ͱ | M | Φ disposées perpendiculairement. — ℞. TAPAΣ. Taras sous la ressemblance d'Héraclès enfant, assis à terre de face, tenant une quenouille et une pelote de laine ; au-dessous, un dauphin à d. Provient de la collection Weber, nᵒ 545. Très rare. *Diobole or.* Très belle.
196	0.70	OR 8	Tête diadémée de Héra à dr. ; derrière, lettre Ͱ ; devant, lettres M | Φ ; cercle de grènetis. — ℞. TAPAN. Diota. Provient de la collection Weber, nᵒ 546. Très rare. *Obole or.* Très belle.
197	0.42	OR 7	Tête radiée du Soleil, de face. — ℞. TAPAN AΠOΛ en deux lignes, entre lesquelles, un foudre ailé. Provient des doubles du British Museum. Très rare. *Hémiobole or.* Très belle.
198	0.42	OR 7	Un deuxième exempl. semblable, de style différent. Provient de la collection Caruso. Très rare. Très beau.
199	7.90	Æ 19	Cavalier casqué au galop à d., tenant la bride de son cheval de la main gauche et lançant un javelot de la main droite ; derrière lui, une Victoire volant et tenant un diadème des deux mains tendues en avant et une étoile ; au-dessous, ΦI ΓͰM. — ℞. TAPAΣ. Taras sur le dauphin à g., tenant un vase de la main droite ; au-dessous, les flots. Publiée par Vl., Alexander son of Neoptolemos, etc. page 52. Exempl. unique gravé sur cet ouvrage. Pl. XI, 20. *Didrachme.* Très belle.
200	7.15	Æ 21	Jeune cavalier à d. au repos, couronnant son cheval ; derrière lui, une Victoire volant et tenant un diadème ; au-dessous, AP. — ℞. Taras assis de côté sur le dauphin à d., dans l'attitude de viser un thon de son trident ; le tout dans un cercle de flots. Ev. IV, A 1. De toute rareté, deuxième exempl. connu. *Didrachme.* Belle.
201	7.70	Æ 22	Même type ; au-dessous du cheval, ΣIM. — ℞. Taras sur le dauphin à g., tenant un kantharos de la main droite étendue en avant, et un trident sur le bras gauche ;

Nᵒˢ	Poids en gram.	Métal et Module	
			au-dessous, ⊢HP et les flots ; champ concave. Ev. IV, A 2. Rare et de beau style. Provient de la trouvaille de Carosino en 1914. *Didrachme*. Très belle.
202	7.70	Ꝃ 22	Un deuxième exempl. avec quelques variantes, la Victoire tenant une couronne au lieu du diadème. Très belle pièce.
203	6.27	Ꝃ 20	Un troisième exempl. la Victoire tenant un diadème et avec une faute dans la légende dans le revers, TPAΣ (*sic*). Très beau ; mais fourré.
204	7.65	Ꝃ 18×21	Jeune cavalier au repos à d., couronnant son cheval ; au-dessous, Ḱ et massue perpendiculaire. — RƟ. TAPAΣ. Taras sur le dauphin à g., tenant un kantharos de la main droite tendue en avant, un trident et un bouclier de la main gauche ; au-dessous, Ω et les flots ; cercle linéaire. Ev. IV, B 2. Très rare et de beau style. *Didrachme*. Très belle.
205	7.43	Ꝃ 21	Jeune cavalier au repos à d., comme dans la précédente, entre les jambes du cheval un éphèbe agenouillé extrait du sabot un caillou ; devant, ϕ. — RƟ. Même type que la précédente, Γ au-dessous du dauphin. Ev. IV, C 2. Très rare. *Didrachme*. Belle.
206	7.38	Ꝃ 20	Même type, au-dessous du dauphin, lettre E. Ev. IV, C 1. Très rare.
207	6.75	Ꝃ 20	Même type, avec lettre E et de style différent. Très rare. Belle.
			Nota. — Cette pièce, absolument authentique et non fourrée, a été sûrement frappée à une époque postérieure à l'imitation de ce type, c'est pour cela que le poids est si réduit, et le style si différent, et on peut la considérer comme appartenant à la VIIᵉ Période.
208	7.70	Ꝃ 21	Même type que les précédentes, avec l'éphèbe agenouillé entre les jambes du cheval. — RƟ. TAPAΣ. Taras sur le dauphin à g., tenant un trident penché de la main droite et un bouclier rond au bras gauche ; au-dessous, Γ et les flots. Manque dans Evans. Provient de la collection Pozzi. Très rare. *Didrachme*. Très belle.
209	6.90	Ꝃ 21	Guerrier nu et casqué debout derrière son cheval, tenant une lance et un bouclier rond ; dans le champ, ⊢. — RƟ. TAPAΣ. Taras tenant le trident et le bouclier rond comme dans la précédente ; au-dessous, Ḁ. Ev. IV, D 1. Très rare. *Didrachme*. Belle.
210	6.80	Ꝃ 21	Cavalier casqué au galop à d., le manteau flottant. — RƟ. Taras sur le dauphin à g., le manteau flottant, couronné par la Victoire et tenant un trident sur l'épaule droite ; au-dessous, les flots. Ev. IV, E 1. *Didrachme*.
211	7.05	Ꝃ 22	Jeune cavalier à d., couronné par la Victoire volant derrière lui ; le cheval cabré est tenu par un jeune homme en l'embrassant au cou ; au-dessous, Ɪ ; cercle de grènetis. — RƟ. Taras sur le dauphin à g., tenant un petit vase de la main droite tendue en avant ; derrière lui, pétoncle, champ concave. Ev. IV, F 5. Extrêmement rare. Quatrième exempl. connu. *Didrachme*. L'avers très beau, le revers oxydé.
212	7.95	Ꝃ 20×22	Cavalier nu au galop à d., tenant la bride de son cheval de la main gauche, et une lance penchée de la main droite ; derrière lui, un bouclier rond et deux lances horizontales ; dans le champ, ⊢ Ḁ KAΛ—Ḁ. — RƟ. TAPAΣ. Taras sur le dauphin à d., tenant un casque des deux mains ; de part et d'autre, une étoile ; sous le dauphin, ϕƖ. Ev. IV, H 1. Rare *Didrachme*. Très belle.
213	7.52	Ꝃ 20	Type pareil au précédent ; sous le dauphin, APƖ. Ev. IV, H 2. Provient de la trouvaille de Carosino. Très rare. Très belle pièce.

N^{os}	Poids en gram.	Métal et Module	
214	7.70	Æ 21	Type pareil aux précédents; sous le dauphin, **KAA**. Ev. IV, II 3. Provient de la trouvaille de Carosino. Très rare. Très belle pièce.
215	7.90	Æ 21	Type pareil aux précédents. Dans le champ de l'avers, ⱶ A **KAA** Δ. Variété qui manque dans Evans. Provient de la trouvaille de Carosino. Très rare. Pièce superbe.
216	7.65	Æ 21	Type pareil aux précédents. Dans le champ de l'avers, ⱶ O **KAA** T et dans le revers, **ONA** sous le dauphin. Var. de Ev. H 4. Provient de la trouvaille de Carosino. Très rare. Très belle.

Ve Période. — 334-302 av. J.-C. Époque de Kléonymos.

N^{os}	Poids en gram.	Métal et Module	
217	4.25	OR 14	**AꟼAT**. Téte de la nymphe Satyra à g., boucle d'oreilles et collier de perles, les cheveux liés par une double cordelette et flottant au sommet ; devant le menton, un dauphin ; derrière, **ΣA** ; cercle de grènetis. — R⳽. Taras sur le dauphin à g., couronné par la Victoire, le manteau flottant et tenant un trident oblique dans la main gauche ; au-dessous, ⱶH et les flots. Provient de la collection Montagu et Weber, n° 549. Extrêmement rare. *Hémistatère.* Très beau.
218	4.22	OR 14	Un deuxième exempl. semblable avec quelques petites variantes. Provient de la collection Pozzi. Extrêmement rare. Très beau.
219	1.42	OR 10	**ΣA**. Tête laurée d'Apollon à g., les cheveux tombant et flottant sur la nuque ; devant le menton, un dauphin. — R⳽. Héraklès nu, debout de face, tourné à d., frappant de sa massue le lion ; dans le champ, arc et carquois ; entre les jambes d'Héraklès ⱶ H. Provient de la collection Weber, n° 550. *Diobole or.* Très rare. Très belle pièce.
220	7.90	BR 20	Tête laurée de Zeus à d. — R⳽. Légende disparue. Victoire debout à d. BMC. 473. Très rare.
221	7.80	BR 20	Même tête de Zeus à d., cercle de grènetis. — R⳽. **TAPANTI (NΩN)**. Victoire debout à g., couronnant un trophée. BMC. 475. Très rare. Belle.
222	0.95	Æ 12	Tête radiée du Soleil presque de face. — R⳽. **AΛEΞA(NΔPOY) NEAΠ(TOΛ)**. Foudre horizontal. Ev. Pl. V, 7. Rarissime. *Diobole.* Belle.
			Nota. — Cette pièce a été frappée à Tarente par Alexandre roi d'Épire comme roi des Tarentins, 334-330 av. J.-C.
223	6.60	BR 18	**MOΛOΣΣΩN**. Bouclier rond orné d'un foudre. — R⳽. Foudre dans une couronne de laurier. BMC. Epirus, page 101,3. Pièce frappée en Épire. Rare. Très belle.
224	3.30	BR 15	Aigle debout à d., les ailes serrées, sur une branche de laurier ; derrière, trépied. — R⳽. **AΛEΞA TOYNE** en deux lignes. Foudre, le tout dans une couronne de laurier. BMC. Epirus, page 110,7. Probablement frappée à Tarente. Très belle, patine olivâtre.
225	7.80	Æ 19×23	Jeune cavalier à d., couronnant son cheval ; au-dessous, **ΦI**. — R⳽. Taras joufflu sur le dauphin à g., tenant un petit vase ; la jambe droite dépasse la tête du dauphin ; derrière, un aigle debout à g., les ailes serrées ; au-dessous, les flots. Ev. V, A 1. Provient de la vente Egger XLV. De la plus grande rareté, peut-être le deuxième exempl. connu. *Didrachme.* Très belle.

Nᵒˢ	Poids en gram.	Métal et Module	
226	7.80	Æ 20	Cavalier au galop à d., tenant une lance oblique de la main droite, et un bouclier rond et deux lances horizontales de la main gauche ; dans le champ Æ et ΦΙ ; cercle de grènetis. — R⁄. ΤΑΡΑΣ. Taras sur le dauphin à d., tenant une quenouille sur l'épaule gauche ; devant lui, un aigle debout à d., les ailes serrées ; au-dessous, ΦΙ et les flots. Ev. V, A 2. Rare. *Didrachme*. Très belle.
227	1.20	Æ 12	Tête d'Athéna à d., coiffée d'un casque athénien orné de Scylla et de la lettre Φ. — R⁄. Héraclès nu à genoux à d., étouffant le lion. BMC. 334. *Diobole*. Très belle.
228	0.60	Æ 9	Pétoncle. — R⁄. Dauphin à g. ; au-dessous, ΦΙ. BMC. 405. *Obole*. Très belle.
229	7.75	Æ 20	Même type que l'avers du nᵒ 226. — R⁄. ΦΙΛΙΣ. Taras sur le dauphin à g., tenant la quenouille sur l'épaule gauche ; derrière lui, un aigle debout à g., les ailes serrées ; au-dessous, les flots. Ev. V, A 3. De la plus grande rareté. *Didrachme*. Très belle.
230	7.65	Æ 20	Un deuxième exempl. semblable, avec quelques variantes. Très rare. Beau.
231	7.80	Æ 19	Même type, au-dessous du cheval, ΣΙΜ, cercle de grènetis. — R⁄. Semblable aux précédentes. Ev. V, A 6. Provient de la trouvaille de Montepirano. Très belle.
232	8.00	Æ 20	Même type ; au-dessous du cheval, ΣΙ. — R⁄. ΤΑΡΑΣ. Taras sur le dauphin à g., tenant la quenouille sur l'épaule gauche ; au-dessous du dauphin, ΦΙ ; sans les flots. Ev. V, A 8. Provient de la trouvaille de Montepirano. Rare. Très belle.
233	7.70	Æ 18 21	Cavalier au galop à d., comme dans les précédentes ; au-dessous, ΣΑ. — R⁄. ΤΑΡΑΣ. Taras sur le dauphin à g., tenant de la main droite un petit dauphin, et une quenouille sur l'épaule gauche ; derrière lui, une feuille de figuier ; au-dessous, ΦΙ et les flots. Var. de Ev. V, B 1. Provient de la vente Stantford. Rare. *Didrachme*. Belle.
234	7.80	Æ 20	Type pareil au précédent, sauf que ΦΙ est placé devant Taras au lieu d'être sous le dauphin, et le symbole est une feuille de lierre au lieu de figuier. Ev. V, B 1. Rare. Très belle.
235	7.78	Æ 19 21	Même type, au-dessous du cheval, ΦΙΛΙ. — R⁄. Même type ; au-dessous du dauphin, ΦΙ ; derrière Taras symbole, feuille de figuier. Ev. V, B 4. Rare. Très belle.
236	7.85	Æ 19	Même type, sauf que ΦΙ est placé devant Taras au lieu d'être sous le dauphin, et le symbole est une feuille de lierre au lieu de figuier. Ev. V, B 3. Rare. Très belle pièce.
237	7.82	Æ 19	Un deuxième exempl. semblable, avec quelques petites variantes. Rare. Très beau.
			Nota. — J'ai dû changer l'ordre de description de M. Evans pour grouper d'une meilleure façon ces deux types, dont le symbole change de la feuille de figuier à la feuille de lierre ; surtout si l'on considère que la variété de la pièce nᵒ 233 manque dans Evans.
238	7.85	Æ 18 20	Type pareil aux précédents, sous le cheval, ΣΑ. — R⁄. ΤΑΡΑΣ. Taras sur le dauphin à g., tenant une quenouille sur l'épaule gauche et levant la main droite vide en avant ; au-dessous du dauphin, une proue de vaisseau. Ev. V, B 2. Provient de la vente Stantford. Rare. Très belle.
239	7.85	Æ 20	Type pareil aux précédents, le cavalier est casqué ; sous le cheval, ΔΑΙ. — R⁄. ΤΑΡΑΣ ΦΙ. Taras sur le dauphin à g., portant le trident sur l'épaule droite, et

Nᵒˢ	Poids en gram.	Métal et Module	
			un bouclier rond, orné d'un hippocampe, au bras gauche ; au-dessous du dauphin, un murex. Ev. V, B 5. Provient de la collection Pozzi. *Didrachme*. Très belle.
240	7.83	Æ 19	Même cavalier à d. ; au-dessous, ⊢HPAKΛ. — R/. Taras sur le dauphin à g., tenant de la main gauche un bouclier rond et deux javelots, et de la droite, une Victoire volant qui le couronne ; au-dessous, Φ|. Ev. V, B 9. Très rare. *Didrachme*. Belle.
241	7.85	Æ 19	Même cavalier casqué à d. ; au-dessous, ΣA. — R/. Même type que le nᵒ 239. Taras portant le trident sur l'épaule droite. Ev. V, B 10. Belle.
242	7.85	Æ 22	Même cavalier nu-tête au galop à d. ; au-dessous, ΣA. — R/. TAPAΣ. Taras sur le dauphin à g., tenant un kantharos de la main droite tendue en avant, et un trident penché de la gauche. Dans le champ, ℞ ; au-dessous, un petit dauphin à gauche. Ev. V, B 11. Très rare. *Didrachme*. Pièce superbe.
243	7.50	Æ 21	Un deuxième exempl., avec quelques petites variantes. Rare. Très beau.
244	7.90	Æ 22	Un troisième exempl., encore varié, le symbole du dauphin est très petit. Très beau.
245	7.90	Æ 21	Un quatrième exempl. encore varié, le symbole du dauphin est tourné à d. Variété très rare qui manque dans Evans. Pièce superbe.
246	7.80	Æ 20	Un cinquième exempl. encore varié, dans le champ du revers, lettre Ж et le symbole du dauphin est très minuscule et tourné à g. Variété de Ev. V, B 12. Très rare. Très beau.
247	7.85	Æ 20	Un sixième exempl. encore varié, lettre K dans le champ du revers. Ev. V, B 12. Très rare. Très belle pièce.
248	1.09	Æ 12	Tête d'Athéna à g., coiffée d'un casque athénien orné de Scylla. — R/. Héraclès nu debout de face, tourné à d., étouffant le lion ; derrière lui, arc, carquois et massue, entre ses jambes, K. BMC. 357. *Diobole*. Très belle.
249	1.05	Æ 12	Même tête d'Athéna tournée à d. — R/. TAPANTINΩN. Même type d'Héraclès nu étouffant le lion, lettre K entre ses jambes, derrière lui, arc et massue sans le carquois. BMC. 352. Très belle.
250	1.00	Æ 12	Même tête d'Athéna à d. — R/. TAPANTINΩN. Héraclès nu debout à d., étouffant le lion ; derrière lui, une massue et la lettre K. BMC. 344. *Diobole*. Très belle.
251	1.13	Æ 12	Même tête d'Athéna à d. — R/. Légende disparue. Héraclès nu debout de face étouffant le lion ; derrière lui, massue et pétoncle, lettre K entre les jambes d'Héraclès. Rare. Belle.
252	1.03	Æ 12	Même tête d'Athéna à d. ; sous le menton, lettre Φ. — R/. TAPANTI(NΩN). Héraclès à genoux à d., combattant le lion et tenant la massue de sa main droite. Rare. Belle.
253	1.03	Æ 10×13	Tête d'Athéna à d., coiffée d'un casque athénien orné de volutes florales; sous le menton, lettre A. — R/. Héraclès debout de face, tourné à d., étouffant le lion ; derrière lui, massue et pétoncle ; entre ses jambes, la lettre K. Très rare et de charmant style. *Diobole*. Très belle.
254	0.90	Æ 12	Tête d'Athéna à d., coiffée d'un casque athénien orné de trois rosaces. — R/. Héra-

N^{os}	Poids en gram.	Métal et Module	
			clès à genoux à d., combattant le lion et tenant la massue de la main droite ; lettre **K** entre Héraclès et le lion. Var. de BMC. 339. Rare. *Diobole* de beau style. Très belle.
255	1.02	Æ 12	Tête d'Athéna à d., coiffée d'un casque athénien orné d'un griffon. — R⁄. Héraclès debout de face, tourné à d., étouffant le lion ; derrière lui, arc et massue ; entre ses jambes, la lettre **K**. Rare. *Diobole*. Très belle.
256	1.03	Æ 12	Tête d'Athéna à d., coiffée d'un casque athénien orné de laurier. — R⁄. Héraclès à genoux à d., combattant le lion, tenant la massue de la main droite. Rare. *Diobole*. Belle.
257	0.97	Æ 12	Tête d'Athéna à d., coiffée d'un casque athénien sans ornements. — R⁄. (**TAPA)NTI (NΩN)**. Héraclès debout de face, tourné à d., étouffant le lion. *Diobole*. Belle.
258	0.89	Æ 12	Un deuxième exempl., avec quelques variantes. Beau.
259	1.11	Æ 12	Même tête d'Athéna, casque sans ornements, tournée à g. — R⁄. Héraclès à genoux à d., combattant le lion. *Diobole*. Belle.
260	0.63	Æ 10	Kantharos entouré de cinq globules. — R⁄. Même type ; lettre **K** dans le champ à g. ; champ concave. *Litra*. Belle.
261	0.46	Æ 9	Tête de cheval bridée à d., lettres **K—O** dans le champ. — R⁄. Même tête de cheval à d. *Litra*. Très belle.
262	0.47	Æ 8	Tête de cheval non bridée à d. ; devant, **X**. — R⁄. Même tête de cheval ; devant, **K**. *Litra*. Très belle.
263	0.49	Æ 9	Tête de cheval non bridée à d. ; devant, **⊦**. — R⁄. Même tête de cheval ; devant, **KA** en monogr. *Litra*. Belle.
264	7.78	Æ 20	Cavalier au galop à d., nu-tête, tenant une lance penchée de la main droite, et un bouclier rond et deux lances horizontales de sa main gauche ; au-dessous, **ΣA**. — R⁄. **TAPAΣ**. Taras sur le dauphin à g., tenant un kantharos de la main droite et un trident ornementé penché de la main gauche, devant lui, **Ω—Σ** ; au-dessous, un petit dauphin. Ev. V, B 15. Rare. *Didrachme*. Très belle.
265	7.82	Æ 20	Même type. — R⁄. **TAPA(Σ)**. Taras sur le dauphin à d., levant la jambe gauche, dont le pied est posé sur la tête du dauphin, et tenant un arc et deux javelots dans la main gauche, le coude posé sur le genou ; il tient encore un harpon de la main droite ; au-dessous, **⊦HP**. Ev. V, B 17. Très rare et de beau style. *Didrachme*. Superbe.
266	7.82	Æ 22	Même type de style différent. Taras tenant un javelot au lieu du harpon de la main droite ; **⊦HP** au-dessous. Ev. V, B 17. Provient de la collection Pozzi. Très rare. Très belle.
267	0.66	Æ 11	Pétoncle. — R⁄. **⊦HP**. Dauphin à g. ; au-dessus, symbole chouette. *Litra*. Belle.
268	7.82	Æ 22	Même type que le n° 266. Taras tenant un harpon de la main droite d'une forme différente ; sous le dauphin, **⊦HP** et **HP** en monogr. Ev. V, B 18. Très rare et de beau style. *Didrachme*. Superbe.
269	7.52	Æ 21	Même type, sous le dauphin, **⊦HP** et **AP** en monogr. Ev. V, B 19. Rare. Belle.

Nos	Poids en gram.	Métal et Module	
270	7.82	Æ 21	Même cavalier à d. ; derrière, Ξ ; au-dessous, API. — R⌇. TAPAΣ. Taras sur le dauphin à g., tenant un kantharos de la main droite et une rame de la gauche ; devant lui, KΛ. Var. de Ev. V, B 20. Rare. *Didrachme.* Très belle pièce.
271	7.75	Æ 20	Type pareil au précédent ; dans le revers la signature KΛ est placée sous le dauphin au lieu d'être devant Taras. Rare. Belle.
272	7.75	Æ 19×21	Même type, pas de signature sous le dauphin et lettre Λ devant la tête de Taras. Var. de Ev. V, B 22, avec API à l'avers. Variété très rare. Belle.
273	7.65	Æ 21	Même type, sous le cavalier, API et monogr. Ê. Dans le revers, KV devant la tête de Taras. Variété qui manque dans Evans. Très rare. Très belle pièce.
274	7.80	Æ 20	Même type, sous le cavalier API et devant, monogr. Ⱥ. Dans le revers Λ devant la tête de Taras. Variété qui manque dans Evans. Inédite. Très belle.
275	7.75	Æ 20	Cavalier nu-tête au galop à d., tenant la bride de son cheval de la main gauche, un bouclier rond et deux lances au bras gauche et tenant une quenouille de la main droite, levée en haut. Derrière le cheval, Ξ ; au-dessous, API ; cercle de grènetis. — R⌇. Taras sur le dauphin à gauche, tenant un kantharos et une rame, comme dans les précédentes ; au-dessous, KΛ. Manque dans Evans. Extrêmement rare. Troisième exemplaire connu. *Didrachme.* Très belle.
276	7.72	Æ 20	Phalanthos casqué au galop à g., couvrant son corps d'un grand bouclier rond orné d'un dauphin et tenant deux lances horizontales ; dans le champ, I ·Λ—Λ ; sous le cheval, ArH. — R⌇. TAPAΣ. Taras sur le dauphin à g., tenant une quenouille sur l'épaule gauche ; derrière lui, un trident ornementé ; devant, ΓOI. Ev. V, C 2. Très rare. *Didrachme.* Très belle.
277	0.70	Æ 9	Pétoncle. — R⌇. Dauphin à d. ; au-dessus, H ; au-dessous, un trident ornementé horizontal. Rare. *Litra.* Belle.
278	1.06	Æ 12	Tête d'Athéna à d., coiffée d'un casque athénien orné de Scylla. — R⌇. Héraclès debout de face, tenant de la main droite la massue renversée à terre, et de la gauche un arc avec les dépouilles du lion sur le bras ; il est couronné par la Victoire ; dans le champ, E. BMC. 373. Très rare. *Diobole.* Très belle pièce.
279	1.08	Æ 13	Un deuxième exempl. semblable ; dans le champ, Σ. BMC. 374. Très rare. Beau.
280	1.17	Æ 12	Même type de même style. Pièce frappée à Héracléa avec légende ⱵHPAKΛEIΩN EY—Σ dans le champ. Manque dans BMC. Très rare. *Diobole.* Très belle.
281	7.87	Æ 21	Cavalier au repos à d., se couronnant par lui-même ; au-dessous, ΣA et le chapiteau d'une colonne ionienne. — R⌇. TAPAΣ. Taras sur le dauphin à g., tenant un serpent marin ; au-dessous, KON. Ev. V, E 1. Rare. *Didrachme.* Très belle.
282	1.13	Æ 12	Tête d'Athéna à d., le casque orné de Scylla. — R⌇. Héraclès debout de face, tourné à d., étouffant le lion ; entre ses jambes, Δ ; derrière lui, une massue debout. *Diobole.* Très belle.
283	0.90	Æ 11	Tête d'Athéna à d., le casque orné du griffon. — R⌇. Héraclès debout de face étouffant le lion ; entre ses jambes, Λ ; derrière lui, une massue. *Diobole.* Très belle, mais fourrée.

Nᵒˢ	Poids en gram.	Métal et Module	
284	7.58	Æ 21	ΣΑ. Jeune cavalier à d., couronnant son cheval ; au-dessous, un masque barbu de face. — Ŗ⁄. **ΤΑΡΑΣ ΦΙ**. Taras sur le dauphin à g., tenant un kantharos. Manque dans Evans. Très rare. *Didrachme*. Belle.
285	7.80	Æ 22	ΣΑ ⊣. Même cavalier à d. ; au-dessous, une chouette. — Ŗ⁄. **ΤΑΡΑΣ ΣΑ (Ⱶ)Η**. Taras sur le dauphin à g., tenant un vase. Manque dans Evans. Extrémement rare. Quatrième exempl. connu. *Didrachme*. Très belle.
286	7.92	Æ 21	Cavalier nu au galop à d., dans l'attitude de frapper d'un fouet le cheval ; pas de lettres dans le champ. — Ŗ⁄. **ΤΑΡΑΣ**. Taras sur le dauphin à g., la jambe droite étendue sur la tête du dauphin et tenant un kantharos ; au-dessous, ⱵΗ ; derrière lui, un caducée oblique. Ev. V, G 1. Rare. *Didrachme*. Très belle.
287	7.22	Æ 19	Tête de femme à g., parée de boucles d'oreilles, les cheveux relevés et liés par un diadème orné de perles. — Ŗ⁄. **ΤΑ**. Jeune cavalier à d., couronnant son cheval ; au-dessous, un dauphin à d. ; champ concave, cercle de grènetis. Rare et de beau style. *Didrachme*. Très belle pièce.
288	7.20	Æ 20	Même type, cercle de grènetis à l'avers. Rare et de beau style. Très belle pièce.
289	1.05	Æ 12	Tête d'Athéna à d. ; le casque orné de laurier. — Ŗ⁄. Héraclès à genoux à d., combattant le lion. Très jolie pièce de beau style. *Diobole*.
290	1.17	Æ 12	Même type, Héraclès tenant la massue à terre de la main droite. Très belle.
291	1.15	Æ 12	Même type, Héraclès à genoux à d., combattant le lion, l'embrassant des deux bras ; au-dessus, **Γ**. Très belle.
292	1.08	Æ 12	Tête d'Athéna à g. ; le casque orné de laurier. — Ŗ⁄. Héraclès à genoux à d., combattant le lion, tenant la massue à terre de sa main droite. Très belle.
293	1.12	Æ 12	Tête d'Athéna à d. ; le casque orné d'une palmette de laurier ; sous le menton, **Δ**. Ŗ⁄. **ΤΑ**. Héraclès debout de face, tourné à d., étouffant le lion ; dans le champ à g., une massue debout. Très belle.
294	1.10	Æ 9×12	Tête d'Athéna à d., le casque orné de trois rosaces. — Ŗ⁄. Taras à genoux à d., combattant le lion ; ligne d'exergue. Très belle.
295	1.15	Æ 12	Tête d'Athéna à d., le casque orné d'un hippocampe. — Ŗ⁄. Taras à genoux à d., combattant le lion. Pièce splendide, de joli style, parfaitement ronde, bien centré et complète.
296	1.00	Æ 12	Même type, Héraclès tenant la massue à terre de la main droite ; au-dessus du lion, **ΤΑ**. Très belle.
297	1.02	Æ 12	Tête d'Athéna à d., le casque orné de Scylla. — Ŗ⁄. Héraclès à genoux à d., combattant le lion ; au-dessus, symboles, strigile et massue. Très rare. Très belle.
298	0.82	Æ 9×12	Même type ; une massue debout, derrière Héraclès. Belle.
299	0.81	Æ 12	Tête d'Athéna à d., le casque orné d'un hippocampe. — Ŗ⁄. **(ΤΑΡΑΝ)ΤΙΝΩΝ**. Héraclès à genoux à d., combattant le lion ; entre les jambes **ΕΥ** ; derrière lui, une massue. Belle.

Nos	Poids en gram.	Métal et Module	
300	1.35	Æ 11	Tête d'Athéna à g., le casque orné d'une palmette, d'une aile et de laurier. — Ŗ⁄. Héraclès à genoux de face, tenant la massue levée de la main droite et se tournant à d., combattant le lion. Très rare et de joli style. *Diobole.* Très belle.
301	0.87	Æ 11	Deux têtes de cheval accolées à d. — Ŗ⁄. Deux mêmes têtes de cheval à d. ; champ concave. Rarissime. *Trihémiobole.* Très belle.
302	0.54	Æ 9	Kantharos entouré de cinq globules ; dans le champ à g., **H**. — Ŗ⁄. Kantharos entouré de cinq globules ; champ concave. *Obole.* Très belle.
303	0.48	Æ 8	Tête de cheval bridée à d. — Ŗ⁄. Même tête de cheval à d., champ concave. *Tritartémorion.* Très beau.
304	0.48	Æ 8	Même type ; dans le revers, derrière la tête de cheval, un trident ornementé. Rare. Très beau.
305	0.42	Æ 9	Même type ; dans le revers, devant la tête de cheval, un crabe. Rare. Très beau.
306	0.46	Æ 9	Même type, mais la tête de cheval est tournée à g., dans l'avers et dans le revers. Très beau.
307	0.32	Æ 8	Pétoncle. — Ŗ⁄. Dauphin à d. ; au-dessous, un crabe. *Hémiobole.* Rare. Très belle.
308	2.37	BR 14	Pétoncle. — Ŗ⁄. **TAPAN**. Taras sur le dauphin à g., tenant un kantharos et une corne d'abondance. BMC. 479. Très belle, patine vert foncé.
309	2.62	BR 14	Même type. Très belle, patine olivâtre.
310	—	BR 14	Deux autres exempl. semblables. Très beaux, patine verte.
311	—	BR 14	Deux autres exempl. semblables. Très beaux, patine verte.
312	1.94	BR 13	Même type ; lettre **B** sous le dauphin. BMC. 481. Très belle, patine noir luisant.
313	8.52	OR 17	Tête d'Héraclès à d., coiffée de la peau de lion. — Ŗ⁄. **TAPANTI (NΩN)**. Taras dans un bige au galop à d., tenant les brides des chevaux et un trident ; au-dessous, **ℛ|** et un foudre horizontal. Provient des collections. Duc de Blacas ; Bunbury et Weber, n° 553. De la plus grande rareté. Cinquième exempl. connu. *Statère.* Très beau.
314	4.25	OR 14	Même tête d'Héraclès à d. — Ŗ⁄. **(TA)PA(NTINΩN)**. Taras dans un bige au galop à d. Extrêmement rare. *Hémistatère* (Vlasto). Beau.
315	4.25	OR 15	Même type. — Ŗ⁄. **TAPANTIИΩN**. Taras dans un bige au galop à d., tenant les brides des chevaux et un trident ; dans le champ en haut, **ΣΩK**. Provient des collections Montagu et Weber, n° 551. Extrêmement rare. Très beau.
316	4.25	OR 14	Même type ; au-dessus des chevaux **ℛ** et au-dessous **Nℂ**. Extrêmement rare. Très beau.
317	4.22	OR 13	Même type ; le monogr. **ℛ** devant les chevaux (Vlasto). Extrêmement rare.
318	0.86	OR 8	Même tête d'Héraclès à d. — Ŗ⁄. Taras sur le dauphin à g., tenant un kantharos et un trident. Provient de la vente Ready (Late collector). Très rare. *Litra or.* Belle.

Nᵒˢ	Poids en gram.	Métal et Module	
319	0.84	OR 8	Même type, mais de style différent ; au-dessous du dauphin, **ΤΑΡΑΣ** (Vlasto). Très rare. Très belle.
320	0.86	OR 8	Même type, dans l'avers, au-dessous de la tête d'Héraclès, le monogr. **NҀ**. Provient des collections. Gen. Moore ; Waren et Weber, nᵒ 552. Variété unique avec ce monogr. Très belle pièce.

VIᵉ Période. — Époque de Pyrrhus 302-281 av. J.-C.

Nᵒˢ	Poids en gram.	Métal et Module	
321	7.92	Æ 21 ✕ 24	**ΣΑ ΑΡΕΘΩΝ**. Jeune cavalier au repos à d., couronnant son cheval. — ℞. **ΤΑΡΑΣ**. Taras sur le dauphin à g., tenant un trépied ; au-dessous, **ΓΑΣ**. Ev. VI, A 1. Rare. *Didrachme*. Très belle.
322	7.88	Æ 21	**ΣΩΚΡΑ (ΤΗΣ)**. Même cavalier à d.; au-dessus, monogr. **ℝ**. — ℞. **ΤΑΡΑΣ**. Taras sur le dauphin à g., tenant une branche de laurier ; au-dessous, **ΙΟΡ**. Ev. VI, A 2. Rare. *Didrachme*. Belle.
323	3.13	Æ 16	Tête d'Athéna à d., le casque orné de Scylla. — ℞. **ΤΑΡ ΙΟ(Ρ)**. Chouette debout à d., les ailes serrées ; devant elle, une massue debout. BMC. 308. *Drachme*. Belle.
324	7.85	Æ 21	**ΣΑ ΦΙΛΙΑΡΧΟΣ**. Jeune cavalier au repos à d., couronnant son cheval. — ℞. **ΤΑΡΑΣ**. Taras sur le dauphin à g., tenant une grappe de raisin ; au-dessous, **ΑΓ(Α)**. Ev. VI, A 3. Rare. *Didrachme*. Très belle.
325	7.70	Æ 20	**ΑΓΩ ΚΡΑΤΙΝΟΣ**. Même cavalier à d. — ℞. Taras sur le dauphin à g., tenant un kantharos ; au-dessous, **ΙΟΡ**. Ev. VI, A 4. Belle.
326	0.97	Æ 10	Tête d'Athéna à d., le casque orné de Scylla. — ℞. **ΤΑΡΑΝ**. Héraclès debout à g., combattant le lion, entre ses jambes, **ΦΙ** ; derrière lui, la massue. *Diobole*. Belle.
327	7.50	Æ 21 ✕ 23	Cavalier au galop à g., portant un petit bouclier rond à son bras gauche, et tenant la bride de son cheval de la main droite ; devant lui, la Victoire debout à d., arrêtant le cheval. — ℞. **ΤΑΡΑΣ**. Taras debout de face chevauchant le dauphin à g., levant la main droite et tenant de la gauche un bouclier rond et deux javelots ; devant lui, **ΙΟΡ** ; au-dessous, les flots (Vlasto). Ev. VI, B 2. Rare. *Didrachme*. Belle.
328	7.60	Æ 21	Un deuxième exempl. semblable, lettre **Ε** sur le bouclier tenu par Taras. Rare. Beau, mais d'un style grossier.
329	7.00	Æ 22	Un troisième exempl. de style très fin. Rare. Très beau, mais fourré. *Nota.* — Ce type en beau style se trouve presque toujours fourré.
330	7.50	Æ 22	**ΦΙΛΩΝ**. Cavalier au galop à g., tenant un très petit bouclier rond ; au-dessus, **ΕΥ**. — ℞. **ΤΑΡΑΣ**. Taras sur le dauphin à g., couronné par une Victoire qu'il tient dans la main droite ; au-dessous, les flots. Ev. VI, C 1. Rare. *Didrachme*. Très belle.
331	7.32	Æ 20	Même type avec légende rétrograde. **ΝΩΛΙΦ**. Ev. VI, C 2. Rare. Belle.
332	7.80	Æ 23	**Ε ΦΙΛΟΚΗΣ**. Même cavalier à g. — ℞. **ΤΑΡΑΣ**. Taras sur le dauphin à g., tenant une couronne ; au-dessous, **ΛΥ**. Ev. VI, C 3. Rare. *Didrachme*. Très belle.

N^{os}	Poids en gram.	Métal et Module	
333	7.75	Æ 21	Un deuxième exempl. semblable. Très beau.
334	7.70	Æ 21	ΑΝΘ(ΡΩΣ). Cavalier au galop à d., tenant une lance penchée de la main droite, et un bouclier rond et deux javelots de la gauche. — R⁄. ΤΑΡΑΣ. Taras sur le dauphin à g., tenant un kantharos ; dans le champ **ΕΥ ΑΡ** et une ancre renversée. Provient de la collection Weber, n° 604. Rarissime. *Didrachme.* Très belle.
335	7.75	Æ 21	ΣΙ ΔΕΙΝΟΚΡΑΤΗΣ. Même cavalier au galop à d. — R⁄. ΤΑΡΑΣ. Taras sur le dauphin à g., tenant un petit dauphin de la main droite tendue en avant; ni lettre ni symbole dans le champ. Ev. VI, D 2. Rare. *Didrachme.* Très belle pièce, fort intéressante, bien centrée et avec le nom du magistrat clair et complet.
336	7.82	Æ 21	ΦΙΛ (ΩΝ). Même cavalier au galop à d. — R⁄. Pas de légende. Taras sur le dauphin à g., tenant une grappe de raisin de la main droite tendue en avant, et la quenouille sur l'épaule gauche ; dans le champ, **ΕΥ ΑΓΑ**. Manque dans Evans. Inédit. Deuxième exempl. connu, l'autre existe dans la collection Vlasto. *Didrachme.* Très belle.
337	7.82	Æ 21	Même cavalier au galop à d. — R⁄. ΤΑΡΑΣ. Taras sur le dauphin à g., tenant un petit dauphin de la main droite tendue en avant ; ni lettre ni symbole dans le champ. Ev. VI, D 3. Rare. *Didrachme.* Très belle.
338	7.38	Æ 21	ΕΥ ΝΙΚΩΤ(ΤΑΣ). Cavalier nu et casqué assis de côté sur son cheval au galop à g., la jambe droite pliée au genou et ayant un bouclier rond au bras gauche. — R⁄. ΤΑΡΑΣ. Taras sur le dauphin à d., tenant un trident sur l'épaule gauche et lançant un javelot de la main droite ; derrière lui, **ΙΟΡ** ; au-dessous, un hippocampe à d. Ev. VI, D 1. Rare. *Didrachme.* Belle.
339	7.87	Æ 21	Même type ; dans le champ du revers, **ΛΥ** derrière Taras. Variété qui manque dans Evans. Très rare. Très belle.
340	0.20	Æ 8	Deux croissants adossés entourés de quatre globules. — R⁄. Deux croissants pareils ; au-dessous, symbole, hippocampe. Rare. *Hémiobole.* Très belle.
341	—	Æ 7	Même type. Les croissants entourés de deux ou de quatre globules. Trois exempl. variés.
342	7.40	Æ 18×20	Ε(Υ) (ΝΙΚΩ)Ν. Même cavalier nu-tête au galop à g. — R⁄. ΤΑΡΑΣ-ΑΡΙ. Taras sur le dauphin à g., tenant un épi de blé de la main droite ; au-dessous, un fer de lance horizontal (Vlasto). Ev. VI, E 2. Rare. *Didrachme.* Belle.
343	6.55	Æ 20	Même type. Fourrée, mais très belle.
344	7.70	Æ 21	ΕΥ ΝΙΚΟΔΑΜΟΣ. Cavalier nu au galop à d. — R⁄. ΤΑΡΑΣ. Taras sur le dauphin à g., tenant un kantharos de la main droite et une quenouille sur l'épaule gauche ; au-dessous, **ΙΟΡ** et symbole, gazelle. Ev. VI, F 1. Très rare. *Didrachme.* Très belle.
345	0.55	Æ 10	Pétoncle. — R⁄. Dauphin à d. ; au-dessous, symbole, gazelle. Rare. *Litra.* Très belle.
346	0.38	Æ 9	Tête de cheval à g. — R⁄. Même tête de cheval à g.; symbole, gazelle. Rare. *Trilartémorion.* Beau.
347	7.30	Æ 20×23	ΑΡΙΣΤΙΑΣ. Cavalier nu au grand galop à d. — R⁄. ΤΑΡΑΣ. Taras sur le dauphin à

Nos	Poids en gram.	Métal et Module	
			g., tenant une grappe de raisin ; au-dessous, **KAH**. Ev. VI, F 2. De la plus grande rareté. Quatrième exempl. connu. *Didrachme*. Belle.
348	3.15	AR 16	Tête d'Athéna à d., le casque orné de Scylla. — R⁄. **TAP IOP**. Chouette à d., sur une branche de laurier, les ailes serrées.
349	1.20	AR 11	Tête d'Athéna à d., le casque orné de Scylla. — R⁄. Héraclès à genoux à d., combattant le lion ; au-dessus, **A**. *Diobole*. Très belle.
350	1.20	AR 12	Même type ; derrière Héraclès, une massue debout. Très belle.
351	1.05	AR 12	Même type, avec quelques variantes. Très belle.
352	1.27	AR 12	Même type ; au-dessus du lion, symbole, sauterelle. Rare. Très belle.
353	1.05	AR 11	Même type, sans symbole ni lettre. Belle.
354	1.20	AR 10×12	Tête d'Athéna à d., le casque orné d'un hippocampe. — R⁄. **TA**. Héraclès debout à d., levant la jambe gauche et combattant le lion ; derrière, une massue debout. *Diobole*. Très belle.
355	1.15	AR 11	Même tête à d. — R⁄. Héraclès à genou à d., combattant le lion et tenant la massue à terre de sa main droite. Très belle.
356	0.82	AR 11	Même tête à d. — R⁄. **TAPANTINΩN**. Héraclès debout à d., étouffant le lion. *Diobole*.
357	1.08	AR 11	Tête d'Athéna à d., le casque orné d'un hippocampe. — R⁄. Héraclès à genoux à g., combattant le lion. *Diobole*. Très belle.
358	0.54	AR 10	Kantharos. — R⁄. La partie supérieure d'une torche en forme de croix ; lettre **B** dans le champ. Provient de la collection Pozzi. BMC. 433. Très rare. *Litra*. Belle.
359	0.36	AR 8	Tête de cheval bridé à d. — R⁄. Même tête de cheval à d.; symbole, dauphin ? *Tritartémorion*.

VIIe Période. — *Hégémonie de Pyrrhus. 281-272 av. J.-C.*

Nos	Poids en gram.	Métal et Module	
360	8.58	OR 17	Tête laurée de Zeus Eleuthérios à d.; derrière, N(. — R⁄. **TAPANTIN(ΩN)**. Aigle debout à g., sur un foudre, les ailes éployées ; dans le champ, R. Evans page 141,6. De la plus grande rareté. *Statère*. Très beau.
361	2.14	OR 11	Tête laurée d'Apollon à d. ; derrière R. — R⁄. **TAPANTINΩN**. Même aigle que dans la précédente ; dans le champ, R devant l'aigle. Var. de Evans page 141,1. Rarissime. *Quart de statère*. Très beau.
362	2.14	OR 10×12	Type pareil au précédent, sauf que le monogr. R est placé derrière l'aigle. Rarissime. Beau.
363	6.65	AR 19	**ΓY APIΣTIΓ**. Cavalier au galop à d., tenant une lance penchée de la main droite et un bouclier rond et deux javelots de la gauche. — R⁄. Pas de légende. Taras sur le dauphin à d., tenant un arc de la main gauche et un javelot de la droite ; au-dessous, **ΔI** et un éléphant. Ev. VII, A 1. *Didrachme*. Très belle pièce.
364	6.55	AR 20	Un deuxième exempl. semblable. Très beau.

Nᵒˢ	Poids en gram.	Métal et Module	
365	6.54	Æ 20	Un troisième exempl. Superbe.
366	0.67	Æ 11	Pétoncle. — ℞. Dauphin à d. ; au-dessous, Δ et Athéna debout. Rare. *Litra*. Très belle.
367	0.43	Æ 11	Kantharos. — ℞. Kantharos entouré de cinq globules ; symbole, Athéna debout. Rare. *Litra*. Belle.
368	0.25	Æ 8	Pétoncle. — ℞. Dauphin à d. ; au-dessous, ΔA ; symbole, massue au-dessus. Rare. *Hémilitra*. Belle.
369	3.25	Æ 17	Tête d'Athéna à d. ; le casque orné de Scylla. — ℞. API. Chouette debout à d., sur une branche de laurier. Evans page 162. *Drachme*. Très belle.
370	3.20	Æ 15	Même type, dans le revers **API NEYMHNIOΣ**. Evans page 162,1. Rare. Très belle.
371	6.40	Æ 19	**ΓY ΣΩΣΤΡΑΤΟΣ**. Cavalier au galop à d. ; même type que dans le nᵒ 363. — ℞. **ΤΑΡΑΣ ΠΟΛΥ**. Taras sur le dauphin à g., tenant de la main droite une Victoire qui lui présente une couronne, et une corne d'abondance dans la main gauche ; derrière lui, symbole, foudre. Ev. VII, A 2. *Didrachme*. Très belle. Provient de la collection Pozzi.
372	6.50	Æ 20	Un deuxième exempl. semblable. Très beau.
373	0.99	Æ 12	Tête d'Athéna à d., le casque orné de Scylla. — ℞. **TA**. Héraclès debout de face, tourné à d., étouffant le lion ; dans le champ, symbole, foudre. Provient de la collection Weber, nᵒ 645. *Diobole*. Belle.
374	0.93	Æ 11	Tête d'Athéna à g., le casque orné de Scylla. — ℞. **TA**. Héraclès enfant, de face, étranglant les serpents ; au-dessous, symbole, foudre ; dans le champ, **M**. BMC. 379. Rare. *Diobole*. Très belle.
375	0.45	Æ 10	Kantharos. — ℞. Kantharos entre la lettre Γ et un foudre. *Litra*. Belle.
376	0.40	Æ 9	Même type, le kantharos à l'avers entouré de trois globules. Provient de la collection Weber, nᵒ 648. Belle.
377	0.50	Æ 9	Pétoncle. — ℞. Dauphin à d. ; au-dessous, un foudre horizontal. *Litra*. Belle.
378	0.42	Æ 8	Tête de cheval bridée à d. — ℞. Même tête de cheval à d. entre un foudre et la lettre Φ. Rare. *Tritartémorion*. Très beau.
379	0.38	Æ 10	Kantharos entouré de quatre globules; lettre **K** dans le champ. — ℞. Bucrâne, lettre **Ч** dans le champ. Rare. *Obole*. Très belle. *Nota.* — Cette pièce est attribuée à une période d'alliance entre Tarentum et Canusium.
380	0.29	Æ 8	Même type, sans lettre ; le kantharos entouré de cinq globules. Belle.
381	6.50	Æ 22	**EY ΦINTYΛΟΣ**. Cavalier au galop à d. ; même type que dans le nᵒ 363. — ℞. **ΤΑΡΑΣ**. Taras sur le dauphin à g., tenant un trident de la main gauche ; devant lui, **ΠΟΛΥ** ; au-dessous, une proue de vaisseau. Ev. VII, A 4. *Didrachme*. Très belle.
382	6.43	Æ 20	Même type ; mais avec quelques variantes. Provient de la collection Pozzi. Très belle, ronde, complète et bien centrée.

N°·	Poids en gram.	Métal et Module	
383	3.00	AR 16	Tête d'Athéna à d., le casque orné de Scylla. — R⁄. Chouette debout à d., sur un foudre, la tête tournée de face; dans le champ, **EY ΓΟΛΥ**. Evans page 162,3. *Drachme*. Belle.
384	6.43	AR 21	**ΘΕ ΑΛΕΞ**. Cavalier au galop à d.; même type que n° 363. — R⁄. **ΤΑΡΑΣ**. Taras sur le dauphin à g., tenant une couronne de la main droite et un trident de la gauche; dans le champ, **ΣΙ** et une étoile à huit rais. Ev. VII, A 5. Provient de la vente Feuardent 1913. Rare. *Didrachme*. Très belle.
385	5.95	AR 21	Même type, mais avec quelques variantes. Provient de la collection Weber, n° 626. Rare. Très belle.
386	0.94	AR 12	Tête d'Athéna à d., coiffée d'un casque corinthien à panache; derrière, monogr. **ΣΙ**. — R⁄. Héraclès debout de face, tenant la branche de pomme des Hespérides de la main gauche et la massue posée à terre de la droite; dans le champ, **ΕΙ** et le monogr. **ΣΙ**. Provient de la collection Weber, n° 644. Très rare. *Diobole*. Très belle.
387	0.55	AR 9	Pétoncle. — R⁄. Taras sur le dauphin à g., tenant une quenouille de la main gauche; derrière lui, le monogr. **ΣΙ**. Rare. *Obole*. Très belle.
388	6.40	AR 21	**ΣΙ ΛΙΚΩΝ**. Même cavalier au galop à d., comme dans le n° 363, sauf qu'il y a en plus la Victoire volant à g., tenant une large couronne, dans l'attitude de couronner le cavalier. — R⁄. **ΤΑΡΑΣ ΓΥ**. Taras sur le dauphin à g., tenant un petit kantharos de la main droite et le trident de la gauche. Ev. VII, A 6. *Didrachme*. Très belle et de joli style.
389	6.50	AR 21	Même type; la Victoire volant avec la couronne est très petite et de charmant style. Provient de la collection Weber, n° 627. Très belle.
390	6.33	AR 20	Même type, sans la Victoire couronnant le cavalier. Manque dans Evans. Rare. Belle.
391	6.10	AR 21	**ΓΥ ΑΡΙΣΓΙ (Γ)**. Jeune cavalier à g., couronné par un homme nu debout devant lui — R⁄. Taras sur le dauphin à d., tenant un arc de la main gauche et un javelot de la main droite; au-dessous, **ΔΙ** et un éléphant à d. Ev. VII, B 1. *Didrachme*. Belle.
392	6.25	AR 20	Même type; au-dessous de Taras, l'éléphant; manque **ΔΙ**. Rare. Très belle.
393	0.61	AR 8	Pétoncle. — R⁄. Dauphin à d.; au-dessous, éléphant à d. Rare. *Obole*. Belle.
394	6.30	AR 18/20	**ΙΩ ΝΕΥΜΗ**. Jeune cavalier à d., couronnant son cheval. — R⁄. **ΤΑΡΑΣ**. Taras sur le dauphin à g., tenant un casque de la main droite. De part et d'autre, une étoile; dans le champ, **ΑΡΙΣ**. Ev. VII, C 2. Rare. *Didrachme*.
395	6.15	AR 20	Un deuxième exempl. semblable.
396	0.39	AR 9	Kantharos entre deux étoiles. — R⁄. Même type. Rare. *Obole*. Très belle pièce.
397	6.35	AR 19	**ΙΩ ΝΕΥΜΗ**. Jeune cavalier à d., couronnant son cheval. — R⁄. **ΤΑΡΑΣ**. Taras sur le dauphin à g., entre deux étoiles et tenant un casque de la main droite; dans le champ, **ΠΟΛΥ**. Ev. VII, C 3. *Didrachme*. Très belle.
398	6.50	AR 20×22	Un deuxième exempl. semblable. Très beau.

Nᵒˢ	Poids en gram.	Métal et Module	
399	6.11	Æ 21	Un troisième exempl. Très beau, rond et bien centré.
400	0.24	Æ 7	Pétoncle. — Ŗ. Dauphin à d. ; au-dessous, une étoile. *Hemiobole.*
401	6.05	Æ 20	Ɽ ΔΑΜ (ΥΛΟΣ). Jeune cavalier à d., couronnant son cheval. — Ŗ. ΤΑΡΑΣ. Taras sur le dauphin à g., tenant une corne d'abondance de la main droite et un bouclier rond orné d'un hippocampe et un trident de la gauche. Ev. VII, C 4. Rare. *Didrachme.* Belle.
402	6.50	Æ 20	ΕΥ ΑΠΟΛΛΩ. Jeune cavalier à d., couronnant son cheval ; au-dessous, deux amphores. — Ŗ. ΤΑΡΑΣ. Taras sur le dauphin à g., tenant un kantharos de la main droite et un trident de la gauche ; dans le champ, ΘΙ. Ev. VII, C 5. Rare. *Didrachme.* Très belle pièce et de beau style.
403	6.55	Æ 19	Même type avec quelques petites variantes. Très belle.
404	6.00	Æ 20	Même type ; ΘΙ dans le champ devant Taras ; et derrière, grande lettre Β. Ev. VII, C 6. Rare. Très belle.
405	6.15	Æ 21	Ͱ ΣΩΠΥ. Jeune cavalier à g., couronnant son cheval ; au-dessous, une petite figure accroupie de face. — Ŗ. ΤΑΡΑΣ. Taras sur le dauphin à g., tenant de la main droite une Victoire qui le couronne, et une quenouille de la gauche ; dans le champ, monogr. ⚘ (Vlasto). Ev. VII, C 8. Très rare. *Didrachme.* Très belle.
406	6.50	Æ 20	Un deuxième exempl. semblable. Très rare. Très beau.
407	0.90	Æ 10	Tête d'Athéna à g., coiffée d'un casque athénien lisse et à panache. — Ŗ. Héraclès debout de face étouffant le lion ; entre les jambes, monogr. Ҳ ; dans le champ, massue et corne d'abondance. Rare. *Diobole.* Belle.
408	6.50	Æ 21	Ҳ ΣΑΛΩΝΟΣ. Les Dioscures au galop à g. — Ŗ. ΓΥ ΤΑΡΑΣ. Taras sur le dauphin à g., couronné par une Victoire qu'il tient dans la droite, et tenant un bouclier rond orné d'un hippocampe et deux javelots de la main gauche ; au-dessous, les flots. Ev. VII, D 1. Rare. *Didrachme.* Très belle pièce. Provient de la vente Rousopoulos.
409	6.35	Æ 21	Un deuxième exempl. semblable. Très beau.
410	0.55	Æ 11	Pétoncle. — Ŗ. Dauphin à d. ; au-dessous, caducée ; au-dessus, monogr. Ҳ. Rare. *Obole.* Très belle.
411	6.45	Æ 20	Jeune cavalier à d., couronnant son cheval. — Ŗ. ΤΑΡΑΣ. Taras sur le dauphin à g. ; même type que dans le nᵒ 408. Var. de Ev. VII, E 1. Rare. *Didrachme.* Très belle.
412	6.20	Æ 20	Même cavalier à d. — Ŗ. ΤΑΡΑΣ. Taras sur le dauphin à g. lançant le trident de la main droite levée, et ayant la chlamyde sur le bras gauche tendu en avant. Ev. VII, E 2. Rare. *Didrachme.* Belle.
413	6.35	Æ 20	ΣΩ Ͱ (Α) ΠΟΛΛΩ. Cavalier casqué au galop à g., tenant un bouclier rond orné d'une étoile à son bras gauche, et deux lances dans la main droite. — Ŗ. ΤΑΡΑΣ ΑΝΘ. Taras sur le dauphin à g., tenant une grappe de raisin dans la main droite et une quenouille de la gauche. Ev. VII, F 1. *Didrachme.* Très belle.
414	6.45	Æ 20	Même type ; dans l'avers, ΣΩ ΑΠΟΛΛΩ. Ev. VII, F 2. Très belle.

Nos	Poids en gram.	Métal et Module	
415	6.50	Æ 18 × 21	Même type; dans le revers, symbole, serpent. Ev. VII, F. 4. De la plus grande rareté. Troisième exempl. connu. Très beau.
416	6.35	Æ 19 × 22	Même type ; dans le revers, symbole, épi de blé. Ev. VII, F. 5. Très rare. Très beau.
417	0.74	Æ 9	Pétoncle. — R⁄. Dauphin à d. ; au-dessous, symbole, grappe de raisin entre A — Γ. Rare. *Litra*. Très belle.
418	0.83	Æ 10	Pétoncle. — R⁄. Dauphin à g. ; au-dessous, KΛ ; au-dessus, symbole, grenade. Rare. *Litra*. Très belle.
419	6.40	Æ 21	ΙΩ ΙΛΛΟ. Jeune cavalier à d. se couronnant lui-même ; au-dessous, chapiteau d'une colonne ionique. — R⁄. ΤΑΡΑΣ ΑΝ. Taras sur le dauphin à g., tenant un acrostolium de la main droite et une quenouille de la main gauche. Ev. VII, G 1. *Didrachme*. Belle.
420	6.45	Æ 19	Même type ; dans le revers, ΤΑΡΑΣ ΑΝΘ. Ev. VII, G 1. Très belle.
421	7.05	Æ 19	Tête de femme à g., les cheveux relevés par un bandeau, et parée de boucles d'oreilles. — R⁄. ΤΑΡ. Jeune cavalier à d. ; au-dessous, un dauphin à d. sur un chapiteau de colonne ionique. Rare. *Didrachme*. Très belle.
422	7.25	Æ 19	Même type, avec quelques variétés. Rare. Très belle.
423	0.99	Æ 10	Tête d'Athéna à g., coiffée d'un casque corinthien à panache. — R⁄. Héraclès debout à g., étouffant le lion ; derrière, symbole, massue verticale sur un chapiteau de colonne ionique. Rare. *Diobole*. Très belle.
424	6.25	Æ 18 × 20	EY (Ι)ΩΓΥ. Jeune cavalier assis de côté sur son cheval au galop à g. — R⁄. ΤΑΡΑΣ. Taras sur le dauphin à g., tenant un kantharos de la main droite, et une longue palme ornée d'un ruban dans la gauche ; derrière lui, un casque corinthien à panache. Ev. VII, H 1. Extrêmement rare. *Didrachme*. Très belle.
425	6.30	Æ 20	ΗΡΑ. Jeune cavalier nu, au galop, à d., tenant une torche enflammée de la main droite levée. — R⁄. Taras sur le dauphin à d., tenant deux lances de la main gauche et lançant un javelot de la droite levée ; la chlamyde flottant sur le bras gauche ; derrière lui, monogr. : X au-dessous, I et kantharos. Ev. VII, L. Provient de la collection Weber, nº 638. De la plus grande rareté. *Didrachme*. Très belle.
426	0.43	Æ 8	Kantharos. — R⁄. Kantharos. *Obole*. Très belle.
427	1.36	BR 13	Kantharos entre deux étoiles. — R⁄. Kantharos, des deux côtés ΤΑ et un bucrâne. BMC. 482. Très rare. Très belle.
428	6.50	Æ 19	ΗΡΑΚΛΗ. Même cavalier comme dans le nº 425. — R⁄. Même type que dans le nº 425, sauf au-dessous du dauphin la lettre Α au lieu de I. Ev. VII, M. Très rare. *Didrachme*. Très belle. Provient de la vente Egger 1913, nº 114.
429	0.51	Æ 10	Kantharos entouré de trois globules. — R⁄. Kantharos entouré de trois globules. *Obole*. Belle.
430	0.56	Æ 11	Même type ; dans le revers des deux côtés du kantharos, ΤΑ et un thyrse. Rare. Très belle.

N°s	Poids en gram.	Métal et Module	
431	2.95	Æ 15	Tête d'Athéna à d., le casque orné de Scylla. — R/. **TAPAΣ**. Chouette debout à g., sur une branche d'olivier, les ailes serrées ; dans le champ, monogr. ⚏. Ev. page 162,5. Très rare. *Drachme*. Belle.
432	3.20	Æ 16	Tête d'Athéna à g., le casque orné de Scylla. — R/. **TAPANTINΩИ ΣΩ**. Aigle debout à d., sur un foudre, les ailes éployées. Ev. page 162,6. *Drachme*. Très belle.
433	3.25	Æ 16	Même type ; au-dessous de la tête d'Athéna, **EY**. *Drachme*. Très belle.
434	2.90	Æ 16	Même type ; au-dessous de la tête d'Athéna, **ΛΛΕ** et au-dessous du foudre, **ΔΙ**. Variété rare. Belle.
435	2.68	Æ 15	Tête d'Athéna à d., le casque orné de Scylla lançant une pierre. — R/. **TAPANTI-NΩN ΣΩΛM**. Chouette presque de face, les ailes éployées, tenant un serpent dans ses serres ; dans le champ à g., **ΔΙ**. Evans page 163,7. Très rare. *Drachme*. Très belle et de beau style.
436	3.15	Æ 16	Même type avec quelques variantes. Très rare. Très belle.
437	5.00	BR 16	Tête d'Athéna à d. — R/. Héraclès assis à g. sur un rocher, tenant un vase de la main droite, et la massue de la gauche. BMC. 477. Très rare.
438	3.80	BR 15	Un deuxième exempl. avec quelques variantes. Très rare. Beau.
439	3.90	BR 16	Tête d'Athéna à d. — R/. Héraclès debout à g. étouffant le lion. BMC. 478. Très rare. Beau.
440	2.80	BR 15	Un deuxième exempl. avec quelques variétés. Très rare. Beau.
441	1.18	BR 11	Pétoncle. — R/. **TA**. Deux dauphins à d. BMC. 485. Rare. Très beau, belle patine vert-noir.
442	—	BR 10	Même type. Deux exempl. Rares. Beaux.
443	0.97	Æ 11	Tête d'Athéna à g., le casque orné de Scylla. — R/. Héraclès debout à g., brandissant sa massue, posant le genou sur le lion à g., et tenant la queue du lion de la main gauche. Rare. *Diobole*. Très belle.
444	0.88	Æ 10	Un deuxième exempl. semblable. Rare.
445	1.00	Æ 10 × 12	Tête d'Athéna à d., le casque orné d'un hippocampe. — R/. Héraclès debout de face, tourné à d., brandissant sa massue et combattant le lion ; dans le champ, arc et carquois enlacés. Rare. *Diobole*. Très belle.
446	0.49	Æ 10	Kantharos entouré de cinq globules. — R/. Bucrâne. Rare. *Obole*. Belle.
447	0.29	Æ 8	Pétoncle. — R/. Dauphin à d. ; au-dessus, un trident. Rare. *Hémiobole*. Belle.
448	0.35	Æ 8	Vase à une anse. — R/. Lettre Γ dans une couronne d'olivier. BMC. 464. *Hémiobole*. Rare. Très belle. Provient de la collection Weber, n° 577.
449	0.24	Æ 8	Même type, le vase dans un cercle linéaire. Dans le revers la lettre Γ est renversée. Rare. Très belle.

Nᵒˢ	Poids en gram.	Métal et Module	
450	0.29	Æ 8	Même type, le vase sans le cercle linéaire ; dans le champ, une boule surmontée d'un globule à d. du vase. Rare. Très belle.
451	0.24	Æ 7	Même type, dans le champ à d. du vase, le monogr. ✕. Rare. Très belle.
			VIIIᵉ Période. — Iʳᵉ *Alliance Romaine, 272-235 av. J.-C.*
452	6.35	Æ 20	ΑΡΙΣΤΙΣ. Jeune cavalier à g., couronnant son cheval ; au-dessous, une ancre couchée. — Ꞧ. Taras sur le dauphin à g., couronné par une Victoire debout dans sa main droite, et tenant une quenouille dans la gauche. Ev. VIII, A 1. *Didrachme.* Belle.
453	6.35	Æ 19	Un deuxième exempl. semblable. Beau.
454	7.35	Ꞧ 21	Tête de femme à g. ; les cheveux relevés par un bandeau et parée de boucles d'oreilles et d'un collier. — Ꞧ. ΤΑ. Jeune cavalier à d., couronnant son cheval ; au-dessus un dauphin ; au-dessous, une ancre couchée. Très rare. *Didrachme.* Très belle.
455	3.05	Æ 17	Tête d'Athéna à d., le casque orné de Scylla. — Ꞧ. ΤΑ. Chouette debout à d., sur une ancre couchée, les ailes serrées. Evans page 182,4. *Drachme.* Très belle.
456	6.50	Æ 18	⊢ΑΓΕΑC. Jeune cavalier à g., couronnant son cheval ; derrière, une corne d'abondance. — Ꞧ. ΤΑΡΑΣ ΓΟΛΥ. Taras sur le dauphin à g., tenant un kantharos de la main droite et un trident oblique de la main gauche. Ev. VIII, A 4. Rare. *Didrachme.* Très belle.
457	6.40	Æ 18	Un deuxième exempl. semblable. Très beau.
458	6.50	Æ 20	ΝϹ ΦΙΛΟΚΡΑ. Même cavalier à g. — Ꞧ. ΤΑΡΑΣ ΑΓΟΛ. Taras comme dans les précédentes tenant unkantharos et un trident. Ev. VIII, A 6. Rare. *Didrachme.* Très belle.
459	6.40	Æ 20	Même type avec quelques variantes. Très belle.
460	6.60	Æ 21	Même type encore varié ; la légende ΑΓΟΛ est placée différemment. Très belle pièce.
461	6.45	Æ 20	Même type encore varié ; la légende ΑΓΟΛ est placée sous le dauphin. Très belle pièce.
462	6.65	Æ 18	ΣΥ ΔΕ ΛΥΚΙΝΟ(Σ). Même cavalier à g. — Ꞧ. ΤΑΡΑΣ. Taras sur le dauphin à g., la chlamyde flottant sur le bras gauche et lançant le trident de la main droite ; derrière lui, une chouette. Ev. VIII, A 8. *Didrachme* Belle. Rare avec ΔΕ en plus dans l'avers.
463	1.12	Æ 11	Tête d'Athéna à d., le casque orné de Scylla levant le bras droit. — Ꞧ. Héraclès à genoux à d. combattant le lion ; au-dessus, une chouette à g., les ailes serrées. *Diobole.* Très belle.
464	1.12	Æ 11	Même type, Scylla lançant une pierre ; derrière Héraclès, la massue. Très belle.
465	0.64	Æ 11	Même type, le casque orné d'un hippocampe.
466	1.04	Æ 12	Même type, le casque orné de Scylla tenant une lance. Dans le revers la chouette est au-dessous et volant. Belle.

Nos	Poids en gram.	Métal et Module	
467	1.08	Æ 11	Tête d'Athéna à d.; le casque lisse à panache. — ℞. TAPAN. Héraclès debout de face, tourné à d., étouffant le lion ; entre ses jambes, une chouette debout; derrière lui, une massue. *Diobole*. Très belle.
468	0.91	Æ 10	Un deuxième exempl. avec quelques variantes.
469	0.93	Æ 11	Tête d'Athéna à g., coiffée d'un casque corinthien à panache. — ℞. Héraclès debout à g., brandissant la massue, posant le genou à g., et tenant la queue du lion de la main gauche ; au-dessous, une chouette à g., les ailes serrées. Rare. *Diobole*. Très belle. Provient de la collection Weber, n° 663.
470	1.00	Æ 11	Un deuxième exempl. semblable. Très beau.
471	0.90	Æ 11	Un troisième exempl. Beau.
472	—	Æ 11	Deux autres exempl. Beaux.
473	6.41	Æ 19	ΣΥ ΛΥΚΙΝΟΣ. Même type que le n° 462; manque ΔΕ dans l'avers. Ev. VIII, A 9. *Didrachme*. Très belle, de frappe ronde et complète.
474	6.35	Æ 19	Un deuxième exempl. semblable. Très beau.
475	0.47	Æ 10	Pétoncle. — ℞. Dauphin à d. ; au-dessous, une chouette à d., les ailes serrées. Rare. *Obole*. Très belle.
476	0.50	Æ 10	Pétoncle. — ℞. Dauphin à d. ; au-dessus, une chouette ; au-dessous, ΣΥ. Rare. *Obole*. Très belle.
477	0.77	Æ 10	Même type ; au-dessous du dauphin, une sauterelle. Rare. Belle.
478	0.68	Æ 10	Même type ; au-dessous du dauphin, crevette; en haut, Σ. Provient de la vente de Lucerne 1923, n° 270. Très rare. Très beau.
479	0.26	Æ 7	Même type ; au-dessous du dauphin, chouette. *Hémiobole*. Belle.
480	6.35	Æ 18	EY HΣTIAP. Jeune cavalier à g., couronnant son cheval. — ℞. Taras sur le dauphin à g., couronné par une Victoire qu'il tient dans sa main droite, et tenant un trident penché de la main gauche; dans le champ, une grappe de raisin sur son cep avec une feuille. Ev. VIII, A 10. Rare. *Didrachme*. Très belle.
481	6.35	Æ 18	Même type ; le cep de vigne différent, avec la feuille à gauche de la grappe, au lieu d'être à droite. Rare. Belle.
482	2.90	Æ 16	Tête d'Athéna à d., coiffée d'un casque athénien orné de Scylla. — ℞. HΣTIAPXOΣ EY. Chouette debout sur un foudre à d., les ailes serrées ; devant elle, une grappe de raisin sur son cep. Evans page 182,3. Très rare. *Drachme*. Très belle.
483	7.20	Æ 20	Tête de femme à g.; les cheveux relevés par un bandeau, et parée de boucles d'oreilles et d'un collier; derrière, EY. — ℞. TA. Jeune cavalier à g., couronnant son cheval ; devant lui, grappe de raisin ; au-dessous, un dauphin à g. Très rare. *Didrachme*. Très belle et de frappe complète, ronde et bien centré.
484	6.90	Æ 19	Même type, avec quelques variantes, surtout dans la forme du dauphin. Très rare. Belle.

Nos	Poids en gram.	Métal et Module	
484 bis	6.70	Æ 19	Même type, mais le cavalier à d., la grappe de raisin devant le cheval. Très rare. Belle.
485	6.50	Æ 19	ΔI ΦΙΛΟΤΑC. Jeune cavalier à d., couronnant son cheval. — Ɍ. **ΤΑΡΑΣ**. Taras sur le dauphin à g., tenant un kantharos de la main droite, et une quenouille sur l'épaule gauche ; derrière lui, un coq à g. Ev. VIII, A 11. *Didrachme*. Très belle.
486	6.45	Æ 19	Un deuxième exempl. semblable. Très beau.
487	6.50	Æ 19	**ΦΙΛΟΚΡΑΤΗΣ**. Même cavalier à g. — Ɍ. **ΤΑΡΑΣ**. Taras comme dans la précédente ; derrière lui, une chouette très petite à g. Manque dans Evans. Provient de la vente de Lucerne 1923, n° 355. Unique. *Didrachme*. Très belle.
488	6.35	Æ 19	ΑΓΑΘΑΡΧΟΣ. Jeune cavalier à d., couronnant son cheval. — Ɍ. **ΤΑΡΑΣ**. Taras sur le dauphin à g., tenant un kantharos de la main droite, et une corne d'abondance de la gauche ; derrière, une torche enflammée. Ev. VIII, B 1. Rare. *Didrachme*. Très belle.
489	3.05	Æ 14 / 16	Tête d'Athéna à g., le casque orné de Scylla. — Ɍ. **ΤΑΡ**. Chouette debout à g. sur un foudre, les ailes serrées ; dans le champ, une torche enflammée. Ev. page 182,7. Provient de la collection Weber, n° 608. Très rare. *Drachme*. Très belle.
490	6.20	Æ 20	**ΦΙ** **ΣΩΓΥΡΟΣ**. Jeune cavalier à d., couronnant son cheval. — Ɍ. **ΤΑΡΑΣ**. Taras sur le dauphin à g., tenant une corne d'abondance de la main droite, et un trident de la gauche ; derrière lui, une mouche. Ev. VIII, B 2. Rare. *Didrachme*. Très belle.
491	6.40	Æ 20	Un deuxième exempl. semblable. avec quelques variantes. Rare. Très beau.
492	6.40	Æ 20	Un troisième exempl. Rare. Très beau.
493	0.93	Æ 11	Tête d'Athéna à d., le casque orné de Scylla. — Ɍ. Héraclès debout à g., étouffant le lion ; derrière, une mouche. *Diobole*. Belle.
494	0.97	Æ 11	Tête d'Athéna à g., coiffée d'un casque corinthien à panache. — Ɍ. Héraclès debout de face tourné à d., combattant le lion ; entre ses jambes, **ΦΙ** ; dans le champ, massue. Rare. *Diobole*. Très belle.
495	0.45	Æ 9	Kantharos. Ɍ. Kantharos ; dans le champ à d., une mouche. Rare. *Obole*. Très belle.
496	0.41	Æ 8	Tête de cheval bridée à d. — Ɍ. Même tête de cheval bridée à d. ; derrière, une mouche. Rare. *Tritartémorion*. Beau.
497	6.35	Æ 19	ΛΕΩΝ. Jeune cavalier à d., couronnant son cheval. — Ɍ. Monogr. Ɲ. Taras sur le dauphin à g., tenant une grappe de raisin de la main droite et un trident de la gauche ; au-dessous, un lion à g. Ev. VIII, B 3. *Didrachme*. Belle.
498	7.15	Æ 20	Tête de femme à g., les cheveux relevés par un bandeau orné de perles. — Ɍ. Jeune cavalier à d., couronnant son cheval ; derrière, un dauphin ; au-dessous, un lion et **ΤΑ**. Très rare. *Didrachme*. Très belle. Provient de la collection Pozzi.
499	6.30	Æ 20	**Ɍ** **KYNΩN**. Jeune cavalier à d., couronnant son cheval ; au-dessous, un masque barbu de face. — Ɍ. **ΤΑΡΑΣ**. Taras sur le dauphin à g., tenant un kantharos

Nos	Poids en gram.	Métal et Module	
			de la main droite et posant la gauche sur le dauphin ; pas de symbole. Très rare. *Didrachme*. Belle.
			Nota. — Cette pièce est la restitution de la pièce décrite dans ce catalogue n° 284, qui est inconnue à Evans ; tandis qu'il a publié cette pièce restituée en l'attribuant à la VIIIe période, à cause du poids réduit et du style plus moderne.
500	6.30	Æ 19	EY ΦI ΣΕΝΕΑΣ. Jeune cavalier à d., couronnant son cheval. — R⫽. Taras sur le dauphin à g., tenant une corne d'abondance de la main droite et un trident de la gauche ; derrière, un épi de blé. Ev. VIII, C 1. *Didrachme*. Très belle.
501	6.55	Æ 19	Un deuxième exempl. avec quelques variantes, surtout dans la forme de l'épi. Beau.
502	0.88	Æ 12	Tête d'Athéna à d., le casque orné de trois rosaces. — R⫽. **TA**. Héraclès debout de face, tourné à d., étouffant le lion ; derrière, acrostolium. Rare. *Diobole*. Très belle.
503	6.45	Æ 21	(ΦI) ΛΟΚΡΑ Νⵋ. Jeune cavalier à d., couronnant son cheval. — R⫽. **ΤΑΡΑΣ ΑΡΙΣΤΟ**. Taras sur le dauphin couronné par une Victoire qu'il tient dans sa main droite, et tenant un trident de la main gauche. Ev. VIII, C 2. Rare. *Didrachme*. Très belle.
504	6.45	Æ 22	Même type, mais de différent style. Les légendes du revers sont placées différemment, **ΑΡΙΣΤΟ** derrière Taras, et **ΤΑΡΑΣ** au-dessous du dauphin. Variété unique. Très belle.
505	6.45	Æ 19	ΔI ΑΡΙΣΤΟΚΛΗΣ. Cavalier nu au galop à d., tenant une lance oblique de sa main droite, et un bouclier rond et deux javelots de la gauche. — R⫽. **ΤΑΡΑΣ**. Taras sur le dauphin à g., tenant un Kantharos de la main droite et un trident de la gauche ; derrière, une tête de nymphe à g. Ev. VIII, D 1. *Didrachme*. Très belle.
506	6.50	Æ 19	Un deuxième exempl. semblable. Très beau.
507	6.30	Æ 19	Un troisième exempl. Très beau.
508	6.40	Æ 17×19	ⵋ ΦΙΛΗΜΕΝ(ΟΣ). Jeune cavalier au repos à d., tenant son cheval par les brides des deux mains. — R⫽. **ΤΑΡΑΣ**. Taras sur le dauphin à g., tenant un trépied de la main droite et un trident de la gauche ; derrière, bucrâne. Ev. VIII, E 1. Rare. *Didrachme*. Très belle.
509	0.54	Æ 9	Pétoncle. — R⫽. Dauphin à d. ; au-dessous, bucrâne ; en haut, le monogr. **ΕΓ**. *Obole*. Très belle.
510	6.30	Æ 19	ΦΙΛΙΣΚΟⵋ. Jeune cavalier à d., à demi nu, sa draperie tombant aux reins et levant la main gauche. — R⫽. **ΤΑΡΑΣ**. Taras sur le dauphin à g., tenant un kantharos de la main droite, et un trident de la gauche ; au-dessous, un trépied. Ev. VIII, F 1. Rare. *Didrachme*. Très belle.
511	5.80	Æ 19	Un deuxième exempl. avec quelques variantes. Beau.
512	7.15	Æ 21	Tête de femme à g., les cheveux relevés par un bandeau orné de perles. — R⫽. **TAP**. Jeune cavalier à d., couronnant son cheval ; au-dessous, un dauphin à d., sur un trépied. Provient de la vente Collignon. Rare. *Didrachme*. Superbe.
513	6.90	Æ 20	Même type de style différent, **TA** au lieu de **TAP**. Rare.

Nᵒˢ	Poids en gram.	Métal et Module	
514	0.35	Æ 9	Kantharos a g., un trépied. — ℞. Kantharos. Rare. *Obole*. Très belle.
515	0.50	Æ 10	Pétoncle. — ℞. Dauphin à d. ; au-dessous, un trépied. Rare. *Obole*. Belle.
516	6.55	Æ 18	⊦Ⅰ ⊦ΗΡΑΚΛΗΤΟΣ. Cavalier casqué au pas à d., tenant de la main droite une lance verticale, et un bouclier rond à son bras gauche. — ℞. Taras sur le dauphin à g., tenant une fleur de la main droite étendue en avant, et une corne d'abondance de la main gauche ; derrière, un thymiatérion et le monogr. ⊢'. Ev. VIII, G 1. *Didrachme*. Très belle.
517	6.05	Æ 18	Un deuxième exempl. semblable. Très beau.
518	0.50	Æ 9	Kantharos entouré de trois globules. — ℞. Kantharos ; dans le champ à g., même monogr. ΕΓ. Rare. *Obole*. Très belle.
519	0.48	Æ 9	Pétoncle. — ℞. Dauphin à d. ; au-dessus, même monogr. ΕΓ ; au-dessous, une fleur. Rare. *Obole*. Très belle.
520	0.35	Æ 9	Tête de cheval bridée à d. — ℞. Même tête de cheval bridée à d. ; devant elle, même monogr. ΕΓ. Rare. *Trilartémorion*. Très beau.
521	6.50	Æ 19	ΔΙ ΑΓ (ΟΛΛΩΝΙΟΣ). Cavalier casqué au galop à d., la main droite posée sur le cheval et tenant une lance ; un bouclier rond à son bras gauche. — ℞. ΤΑΡΑΣ sur le dauphin à g., tourné de face, tenant un trident sur l'épaule droite ; la chlamyde flottant sur le bras gauche, la main posée sur le dauphin, devant lui une Victoire volant qui le couronne ; au-dessous, les flots Ev. VIII, H 1. Rare. *Didrachme*. Superbe.
522	6.40	Æ 19	Un deuxième exempl. avec quelques variantes ; dans l'avers la légende est complète. Rare. Très beau.
523	6.35	Æ 20	Même type. Taras entièrement nu, sans la chlamyde flottant. Variété unique. Très beau.
524	6.25	Æ 19	ΘΙ ΑΡΙΣΤΟΚ. Même cavalier. — ℞. Même type avec la chlamyde flottant ; au-dessous, un gouvernail horizontal. Rare. *Didrachme*. Belle.
525	6.45	Æ 20	⊦ΙΠΠΟΔΑ. Cavalier au galop à d., la poitrine cuirassée, tenant un fouet de la main droite levée. — ℞. ΤΑΡΑΣ. Taras sur le dauphin à g., tenant un kantharos de la main droite, et une quenouille sur l'épaule gauche ; derrière, ΔΙ et une amphore. Ev. VIII, K 1. Rare. *Didrachme*. Superbe.
526	6.60	Æ 19	ΦΙ ΑΡΙΣΤΟΚΡΑΤΗΣ. Cavalier nu au pas à d., couronné par la Victoire volant derrière lui et couronnant son cheval. — ℞. ΓΙ. Taras sur le dauphin à g., tenant un kantharos de la main droite et un trident de la gauche ; derrière, un terme. Ev. VIII, L 1. Rare. *Didrachme*. Très belle.
527	0.29	Æ 7	Pétoncle. — ℞. Dauphin à d. ; au-dessous, ΔΙ. Rare. *Hemiobole*. Très belle.
528	0.22	Æ 7	Pétoncle. — ℞. Dauphin à g., couronné par une Victoire volant ; au-dessous, ΓΙ. Rare. *Hemiobole*. Très belle.
529	0.27	Æ 7	Même type, la Victoire d'une forme différente. Belle.
530	6.00	Æ 19	ΦΙ ΑΡΙΣΤΕΙΔ. Cavalier nu au pas à d., couronné par la Victoire et levant la main droite. — ℞. ΤΑΡΑΣ. Taras sur le dauphin à g., tenant une corne d'abon-

Nᵒˢ	Poids en gram.	Métal et Module	
			dance de la main droite et un trident de la gauche ; derrière, le monogr. ⸿. Ev. VIII, I. 2. Rare. *Didrachme*. Très belle.
531	6.65	Æ 19	EYN ΔAMOKPITOΣ. Jeune cavalier nu au pas à d., tenant les brides des deux mains et couronné par la Victoire volant derrière lui. — R⁄. TAPAΣ. Taras sur le dauphin à d., tenant une corne d'abondance de la main droite et un trident de la gauche ; derrière, le monogr. ⸿. Ev. VIII, L 3. Très rare. Pièce splendide.
532	6.40	Æ 20	Même type, avec EY ΔAMOKPI et le cavalier levant la main droite. Très rare. Très belle.
533	6.45	Æ 20	Même type, avec EY ΔAMOKPITOΣ. Le cavalier est tourné de face, le bras droit étendu en arrière et tenant un fouet (?). — R⁄. Pareil aux précédentes. Très rare. Manque dans Evans. Pièce superbe.
534	6.50	Æ 19	ΛY ΘE. Jeune cavalier nu au pas à d., couronné par la Victoire et couronnant son cheval. — R⁄. TAPAΣ. Taras sur le dauphin à g., tenant le kantharos de la main droite et un trident de la gauche, sans symbole. Manque dans Evans. Provient de la collection O. Hagan. Très rare. *Didrachme*. Splendide.
535	6.45	Æ 19	Même type, avec ΣI au-dessus du cheval et ΘE au-dessous. Manque dans Evans. Très rare. Très belle.
536	6.40	Æ 20	Même type avec ΣI au-dessus du cheval et ΛY ΘE au-dessous. Manque dans Evans. Très rare. Très belle.
537	6.30	Æ 20	EYΦ APIΣTΩN. Jeune cavalier casqué au pas à g., avec un bouclier rond à son bras gauche étendu en arrière, posé près de la queue du cheval. — R⁄. TAPAΣ ΙΩΓ, Taras sur le dauphin à g., tenant un hippocampe de la main droite et un trident de la gauche. Ev. VIII, M 2. Rare. *Didrachme*. Très belle.
538	6.10	Æ 21	(NI)KYΛOΣ. Les deux Dioscures casqués au galop à d. — R⁄. ᚱ TAPAΣ. Taras sur le dauphin à d., tenant un kantharos de la main droite, et un trident de la main gauche. Ev. VIII, O 1. Rarissime. *Didrachme*. Belle.
539	2.80	Æ 14×16	Tête d'Athéna à d. ; le casque orné de Scylla lançant une pierre. — R⁄. ⱵHPAKΛH-TOΣ. Chouette à d., les ailes serrées, sur une branche d'olivier au bas de laquelle, est une fleur. Ev. page 182.2. *Drachme*.
540	2.95	Æ 16	Même tête. — R⁄. (NIKO)KPATHΣ TAP-AN. Chouette debout à d., tournée de face sur le chapiteau d'une colonne ionique. Ev. page 182,6. *Drachme*. Très belle.
541	3.12	Æ 15	Même type ; TA devant la chouette. Rare.
542	2.88	Æ 17	Même type sans le nom du magistrat ; TAPAN. Rare. Très belle.
543	7.25	Æ 19	Tête de femme à g., les cheveux retenus par un diadème et une sphendoné. — R⁄. Jeune cavalier au pas à d., couronnant son cheval ; devant, ΦI ; au-dessous, TA et un dauphin à d. Provient de la trouvaille d'Acquaviva. Très rare. *Didrachme*. Splendide.
544	4.75	Æ 18	Même type ; pièce fourrée, mais splendide. Provient de la trouvaille d'Acquaviva.
545	6.95	Æ 17×19	Même type avec quelques petites variantes. Belle.

N^{os}	Poids en gram.	Métal et Module	
546	7.05	Æ 19	Même type ; le diadème est orné de lignes angulaires et de perles ; manque ΦI devant le cheval. Variété très rare. Pièce superbe.
547	4.80	Æ 19	Même type ; le diadème orné comme dans la précédente. Dans le revers, ΤΑ est au-dessus du cheval, et le dauphin entre ses jambes. Variété très rare. Pièce très belle, mais fourrée.
548	7.05	Æ 19	Même type ; le diadème orné de perles. Dans le revers, ΤΑ devant le cheval, et le dauphin entre ses jambes ; au-dessus, une étoile à huit rayons. Variété très rare. Belle.

IXe Période. — *IIe Alliance Romaine, 235-228 av. J.-C.*

N^{os}	Poids en gram.	Métal et Module	
549	0.96	Æ 11	Tête d'Athéna de face coiffée d'un casque athénien orné de Scylla et à triple panache. — R⁄. Héraclès debout de face, tourné à d., étouffant le lion ; dans le champ à g., la massue debout. Très rare. *Diobole.* Très belle.
550	1.04	Æ 11	Tête d'Athéna à g., coiffée d'un casque corinthien, à panache, orné de Pégase. — R⁄. Héraclès debout à g., étouffant le lion ; derrière lui, une massue debout. Très rare. *Diobole* frappée à *Tiate* au type de Tarente. Voir Garrucci. Pl. XCII, 20. Très beau. Provient de la collection Pozzi.
551	0.86	Æ 11	Tête d'Athéna à d., le casque orné de Scylla lançant la pierre. — R⁄. Héraclès enfant assis à terre, étranglant les serpents ; dans le champ, monogr. Ͷ. Rarissime. *Diobole.* Très belle. Provient de la collection Pozzi.
552	0.49	Æ 10	Pétoncle. — R⁄. Dauphin à d. ; au-dessous, une massue horizontale. *Obole.* Beau.
553	6.20	Æ 20	ΔΑIΜΑΧ(ΟC). Jeune cavalier au grand galop à d., tenant une torche enflammée de sa main droite levée ; derrière, monogr. ⻆P. — R⁄. ΤΑΡΑC. Taras sur le dauphin à g., tenant un kantharos de la main droite et un trident de la gauche ; derrière lui, le monogr. ⻆. Ev. IX, A 1. Très rare. *Didrachme.* Très belle pièce.
554	6.40	Æ 19	Un deuxième exempl. semblable avec quelques petites variantes. Très rare. Pièce superbe.
555	6.00	Æ 20	ΙΩΠΥΡΙΩΝ. Jeune cavalier au grand galop à d., habillé d'une courte tunique, son corps penchant en arrière à cause de la vitesse de la course ; au-dessous, un bucrâne surmonté de ΣΩ. — R⁄. ΤΑΡΑΣ. Taras sur le dauphin à g., tenant un hippocampe de la main droite et un trident de la gauche ; derrière, une tête barbue de Pan et le monogr. ΕΠ. Ev. IX, B 1. De la plus grande rareté. *Didrachme.* Très belle. Provient de la vente Lord Asburncham.
556	6.55	Æ 20	ΟΛΥΜΓΙΣ. Jeune cavalier au grand galop à d., lançant un javelot de sa main droite levée ; derrière lui, une couronne. — R⁄. ΤΑΡΑΣ. Taras sur le dauphin à g., tenant un kantharos de la main droite et une corne d'abondance de la gauche ; derrière lui, un trépied allumé. Ev. IX, C 1. Provient de la trouvaille de Tarente 1883 et, après, de la collection Weber, n° 675. Très rare. *Didrachme.* Très belle.
557	6.35	Æ 17 × 20	ΟΛΥΜΠΙΣ. Jeune cavalier au repos à d., couronnant son cheval ; derrière lui, un bouclier amazonien ; devant le cheval le monogr. Χ. — R⁄. (ΤΑ)ΡΑΣ. Taras sur le dauphin à g., tenant un rhiton de la main droite et un trident de la gauche ; derrière lui, un poulpe. Var. de Ev. IX, D 1. De la plus grande rareté. Deuxième exempl. connu. *Didrachme.* Très belle.

N^{os}	Poids en gram.	Métal et Module	
558	0.88	Æ 10	Tête d'Athéna de face coiffée d'un casque à triple panache. — R⃦. Héraclès debout de face, étouffant le lion; entre ses jambes, *AP*; dans le champ, une massue et un bouclier amazonien. Très rare. *Diobole.*
559	7.25	Æ 20	Tête de femme à g., les cheveux ceints d'un diadème. - – R⃦. Jeune cavalier à d., couronnant son cheval; au-dessous, un dauphin; en haut, un croissant. Rare. *Didrachme.* Belle.
560	7.35	Æ 20×22	Même type avec quelques variétés, surtout la tête de la femme est de beau style. Rare. Très belle.
561	0.56	Æ 6×10	Pétoncle. — R⃦. Dauphin à d.; au-dessous, monogr. ΔK., Rare. *Obole.*
562	0.42	Æ 10	Tête de cheval à d., non bridée. — R⃦. Même tête de cheval; dans le champ, l'égide. Rare. *Tritartémorion.* Très beau.
563	0.33	Æ 8	Pétoncle. — R⃦. Dauphin à d.; au-dessous, l'égide. Rare. *Hémiobole.*
564	6.45	Æ 19	*AP* **APICTIΓΓ(OC)**. Jeune cavalier au galop à d., tenant de la main droite une longue palme ornée d'un ruban. — R⃦. **TAPAC**. Taras sur le dauphin à g., tenant un kantharos de la main droite, et posant la gauche sur le dauphin; derrière lui, le monogr. M. Ev. IX, E 1. Provient de la trouvaille de Tarente 1883 et, après, de la collection Weber, nᵒ 678. Très rare. *Didrachme.* Très belle.
565	6.35	Æ 20	Un deuxième exempl. avec quelques variantes. Provient de la collection Weber, nᵒ 677. Très rare. Très beau.
566	6.35	Æ 20	Un troisième exempl. encore varié. Très rare. Très beau. Provient de la collection Pozzi.
567	3.10	Æ 15	Tête d'Athéna à g., le casque orné de Scylla lançant la pierre; derrière, le monogr. **AP**. — R⃦. **(T)APANTI**. Chouette à d., les ailes serrées, sur une branche d'olivier; en haut, le monogr. M. Extrêmement rare, troisième exempl. connu. *Drachme.* Très belle.
568	0.82	Æ 10	Tête d'Athéna à d., casque corinthien. — R⃦. Héraclès debout de face domptant la cavale sauvage; au-dessous, le monogr. M. BMC 377. Très rare. *Diobole.* Belle. Provient de la collection Weber, nᵒ 686.
569	0.80	Æ 11	Même type, il y a en plus le monogr. *AP* en haut. Rare.
570	0.89	Æ 10	Tête d'Athéna à g. — R⃦. Héraclès enfant assis à terre, étranglant les serpents; dans le champ, le monogr. M; au-dessous, un foudre couché. Rare. *Diobole.*
571	0.85	Æ 11	Tête d'Athéna de face coiffée d'un casque à triple panache. — R⃦. **TAPANTINΩN**. Héraclès debout de face étouffant le lion; entre ses jambes *AP*; dans le champ, massue. Très rare. *Diobole.* Belle.
572	0.95	Æ 11	Tête d'Athéna à d. — R⃦. **TAPAN**. Héraclès debout de face étouffant le lion; entre ses jambes, *AP*; massue dans le champ. *Diobole.* Belle.
573	0.64	Æ 10	Pétoncle. — R⃦. Taras sur le dauphin à g., tenant le kantharos de la main droite et une quenouille de la gauche; des deux côtés, les monogr. M-*AP*. Très rare. *Obole.* Très belle.
574	0.57	Æ 9	Même type, avec quelques variantes. Très rare. Belle.

Nos	Poids en gram.	Métal et Module	
575	0,52	Æ 8	Même type, mais le monogr. ᴍ est dessous le dauphin, au lieu d'être devant Taras, Très rare. Belle.
576	5.95	Æ 21	Æ ΦΙΛΟΚΛΗC. Jeune cavalier au pas à d., couronnant son cheval; au-dessus, monogr. ⩕; au-dessous, un dauphin à d. — Rʎ. ΤΑΡΑΣ. Taras sur le dauphin à g., tenant un rhyton de la main droite et un trident de la gauche; derrière, deux amphores. Ev. IX, F 1. Très rare. *Didrachme*. Belle.
577	6.45	Æ 19	Un deuxième exempl.; la légende ΤΑΡΑΣ est placée différemment. Provient de la collection Weber, nº 679. Très rare. Très beau.
578	7.25	Æ 18	Téte de femme à g.; les cheveux retenus par un bandeau orné. — Rʎ. ΤΑ, Jeune cavalier au pas à d., couronnant son cheval; devant lui, un dauphin; au-dessous, un rhyton. Rare. *Didrachme*. Très belle.
579	6.35	Æ 20	ΞΕΝΟΚΡΑΤΗC. Un Dioscure à cheval au pas à g., le manteau flottant et levant la main droite; derrière lui, en haut, le monogr. ⅎ et un pileus. — Rʎ. ΤΑΡΑΣ. Taras sur le dauphin à g. tourné de face, tenant le trident de la main droite et levant sa chlamys de la main gauche; derrière lui, le monogr. Ͼ; au-dessous, un poulpe et les flots. Ev. IX, G 1. Provient de la collection Nervegna, nº 340. Très rare. *Didrachme*. Superbe.
580	6.05	Æ 19	Même type avec quelques variantes. Très rare. Superbe.
581	6.40	Æ 19	Même type; derrière Taras, même monogr. Ͼ et un poulpe. Manque dans Evans. Très rare. Superbe.
582	6.25	Æ 18 / 21	ΚΑΛΛΙΚΡΑΤΗΣ. Guerrier à cheval au galop à d., tourné de face; la poitrine cuirassée, le manteau flottant, levant la main gauche, et couronné par la Victoire volant; derrière lui, le monogr. ᴱ Ʀ. — Rʎ. ΤΑΡΑΣ. Taras sur le dauphin à g., couronné par une Victoire qu'il tient dans la main droite, et tenant un trident de la gauche; derrière lui, monogr. ᴺᴱ. Ev. IX, H 1. Très rare. *Didrachme*. Superbe.
583	6.50	Æ 20	Un deuxième exempl. avec quelques variantes. Très rare. Superbe.
584	6.40	Æ 19	Même type; derrière Taras, le monogr. ᴹ au lieu de ᴺᴱ. Variété unique inconnue à Evans. Pièce splendide.
585	6.30	Æ 19	Même type, forme différente du monogr. dans l'avers, ᴱᴷ. Dans le revers, derrière Taras, le monogr. ᴺᴱ. Ev. IX, H 2. Très rare. Superbe.
586	6.05	Æ 20	Un deuxième exempl. avec quelques variantes (Vlasto). Très rare. Beau.
			Xᵉ Période. — *Époque de Hannibal, 212-209.*
587	2.84	OR 14	Tête d'Athéna à d., coiffée d'un casque corinthien à panache, orné d'un serpent; cercle de grènetis. — Rʎ. Sans légende. Taras conduisant un bige à d., et tenant un trident penché; au-dessus, un astre; ligne d'exergue. Provient de la collection Pozzi. Rarississime. Pièce superbe. *Nota.* — De ce type rarissime sont connus 18 exemplaires.
588	0.53	Æ 10	Pétoncle. — Rʎ. Dauphin à d.; au-dessous, Ι et un acrostolium. *Obole*. Belle.

Nos	Poids en gram.	Métal et Module	
589	3.50	Æ 18	**KΛH ΣHPAMBOΣ.** Jeune cavalier au repos à d., couronnant son cheval. — R/. **TAPAΣ.** Taras sur le dauphin à g., tenant un acrostolium de la main droite et un trident de la gauche ; en haut, le monogr. ᏌP. Ev. X, A 1. Rare. *Didrachme réduite.* Très belle.
590	3.75	Æ 18	Un deuxième exempl. Rare. Très beau.
591	3.50	Æ 18	**IΩ ΣΩΓΕΝΗΣ.** Jeune cavalier au pas à g., couronnant son cheval. — R/. **TAPAΣ.** Taras sur le dauphin à g., tenant une corne d'abondance de la main gauche et couronné par une Victoire qu'il tient dans la droite. Ev. X, B 1. Rare. *Didrachme réduite.* Très belle.
592	3.75	Æ 18	Un deuxième exempl. Rare. Très beau.
593	3.60	Æ 18	Un troisième exempl. Rare. Très beau.
594	3.75	Æ 18	**KPITOΣ.** Jeune cavalier au pas à d., tenant une longue palme sur l'épaule gauche et couronnant son cheval. — R/. **TAPAΣ EK.** Taras comme dans les précédentes ; derrière, le monogr. ⵝ. Très rare. *Didrachme réduite.* Superbe.
595	3.60	Æ 18	Un deuxième exempl. Très rare. Très beau.
596	3.55	Æ 18	Φ**Ι ΦΙΛΙΑΡΧΟΣ.** Cavalier au grand galop à d., la poitrine cuirassée et lançant un javelot de la main droite levée. — R/. **TAPAΣ.** Taras diadémé sur le dauphin à d., le chlamys flottant sur le bras gauche tendu en avant et lançant le trident horizontal de la main droite levée. Ev. X, D 1. De la plus grande rareté. Splendide exempl. de style très fin.
597	0.90	Æ 12	Tête d'Athéna presque de face, coiffée d'un casque athénien à triple panache. — R/. Héraclès debout de face luttant contre le géant Antaios ; entre ses jambes une massue couchée ; dans le champ, ΦΙ. BMC., 376. Rarissime. *Diobole.* Très belle. Provient de la collection Weber, n° 684.
598	1.13	Æ 12	Tête d'Athéna à g., coiffée d'un casque corinthien à panache. — R/. (TAPA)N-TINΩN. Héraclès debout de face, étouffant le lion ; entre ses jambes, ΦΙ ; dans le champ, une massue. Rare. *Diobole.* Très belle.
599	0.56	Æ 9	Pétoncle. — R/. ΦΙ. Taras sur le dauphin à g., tenant une corne d'abondance de la main droite et une palme sur l'épaule gauche. BMC., 392. Très rare. *Obole.* Très belle.
600	0.48	Æ 9	Un deuxième exempl. semblable. Très rare. Beau.
601	0.51	Æ 9	Pétoncle. — R/. ΦΙ. Dauphin à g. BMC, 405. *Obole.* Très belle.
602	0.51	Æ 9	Pétoncle. — R/. ΦΙ. Dauphin à d. Manque dans BMC. Rare. *Obole.* Très belle.
603	0.25	Æ 8	Pétoncle. — R/. ΦΙ. Taras sur le dauphin à g., tenant une grappe de raisin de la main droite et posant la gauche sur le dauphin. Rare. *Hémiobole.* Très belle.
604	0.21	Æ 7	Même type, Taras tenant la palme sur l'épaule gauche, et la grappe de raisin dans la main droite. Rare. Belle.
605	3.25	Æ 18	**ΣΩΚΑΝΝΑΣ.** Cavalier casqué au pas à d., la poitrine cuirassée et tenant une palme sur l'épaule gauche. — R/. **TAPAΣ.** Taras sur le dauphin à gauche, tenant un

Nos	Poids en gram.	Métal et Module	
			kantharos de la main droite et un trident penché de la gauche ; derrière lui, un aigle à g., les ailes éployées. Ev. X, E 1. Rare. *Didrachme réduite*. Très belle.
606	3.70	Æ 18	Un deuxième exempl. avec quelques variantes. Rare. Très beau.
607	1.64	Æ 15	**ΙΩ ΣΩΓΕΝΗΣ**. Jeune cavalier au repos à d., couronnant son cheval. — R∤. **ΤΑΡΑΣ**. Taras sur le dauphin à g., tenant un kantharos de la main droite et une quenouille sur l'épaule gauche. De la plus grande rareté, troisième exempl. connu. Provient de la trouvaille de Tarente 1909.
			Nota. — Les *Didrachmes réduites* étaient dans le temps fort rares ; les types nos 589, 590, 591, 592, 594, 595, 596, 605, 606 de cette collection proviennent de la trouvaille de Tarente 1909.
608			*Lot* de 6 *Didrachmes* appartenant aux premières périodes. BMC., 43, 98, 106, 123, 129, 142. Rares. Conservations bonnes et médiocres.
609			*Lot* de 12 *Didrachmes* de types différents. BMC, 161, 166, 180, 214, 229, 239, 243, 249, 251, 268, etc. Conservations bonnes et médiocres.
610			*Lot* de 5 *Drachmes* de types différents. BMC., 308, 309, 317, 320, 324, assez belles.
611			*Lot* de *Dioboles, Oboles* et *fractions*. 12 exempl.

ACHEVÉ D'IMPRIMER

LE VINGT NOVEMBRE MIL NEUF CENT
VINGT-HUIT SUR LES PRESSES DE PROTAT
FRÈRES, A MACON. PLANCHES EN HÉLIO-
TYPIE DE LA MAISON BARRY FRÈRES,
A PARIS

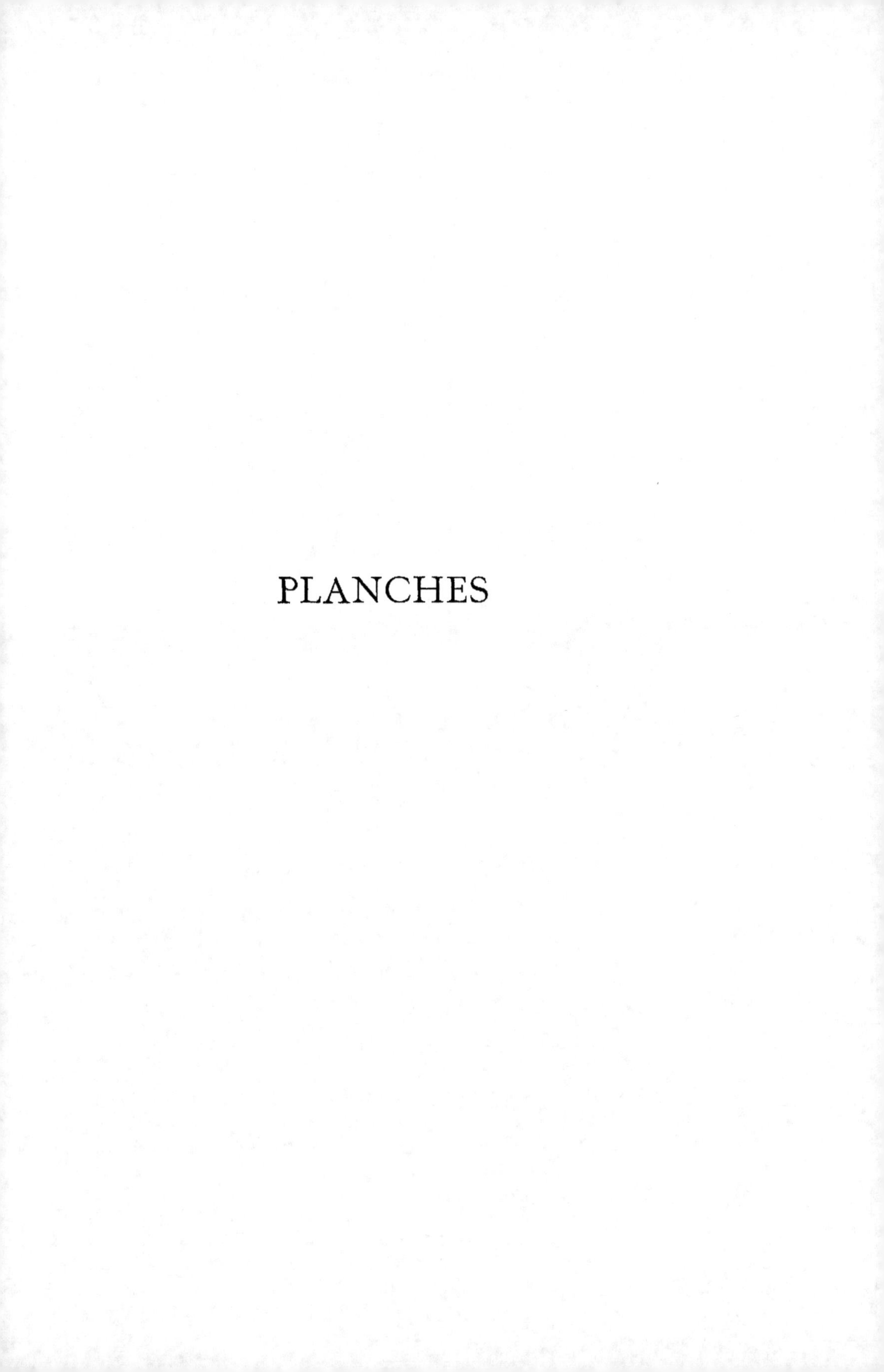

PLANCHES

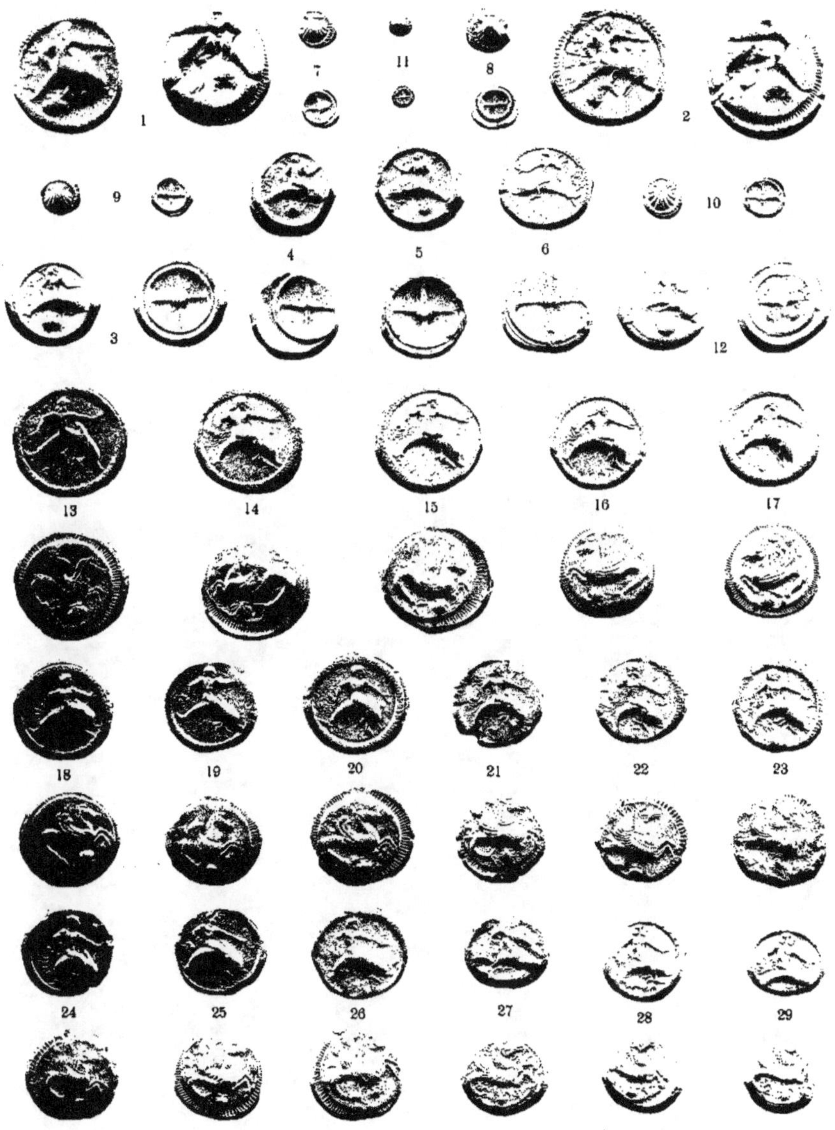

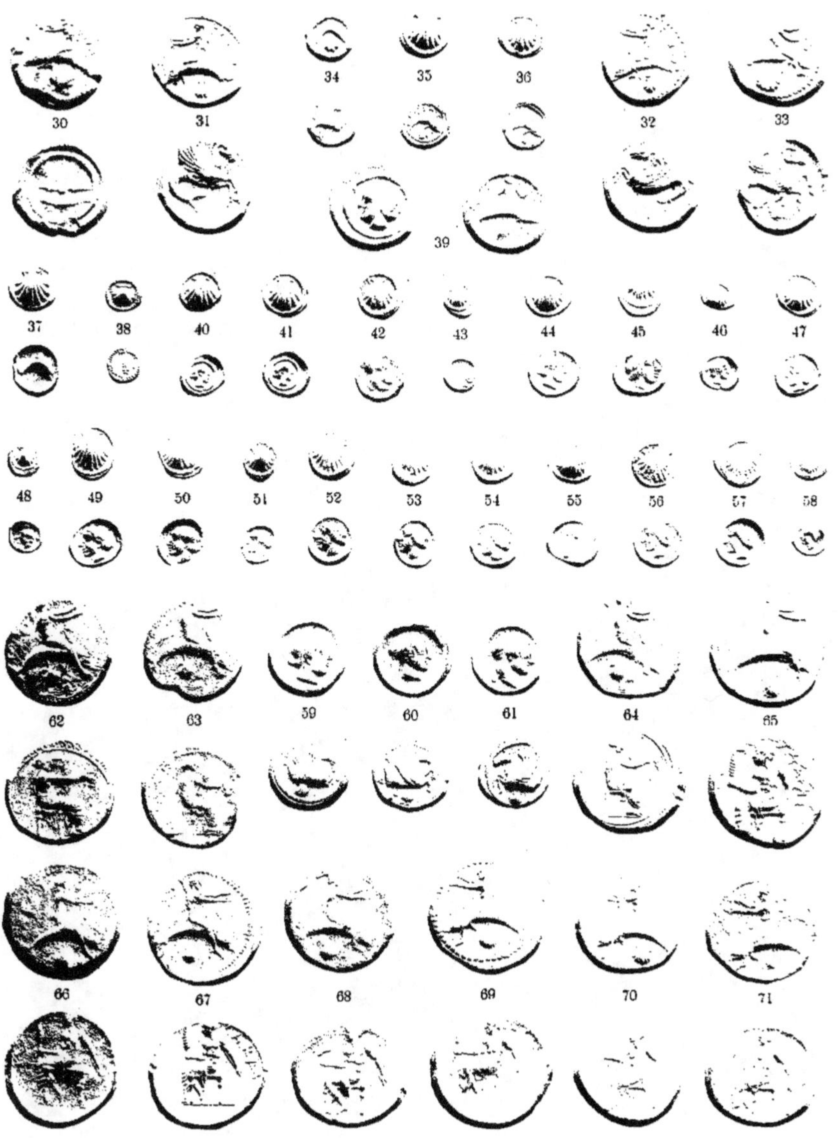

30 31 34 35 36 32 33
39 37 38 40 41 42 43 44 45 46 47
48 49 50 51 52 53 54 55 56 57 58
62 63 59 60 61 64 65
66 67 68 69 70 71

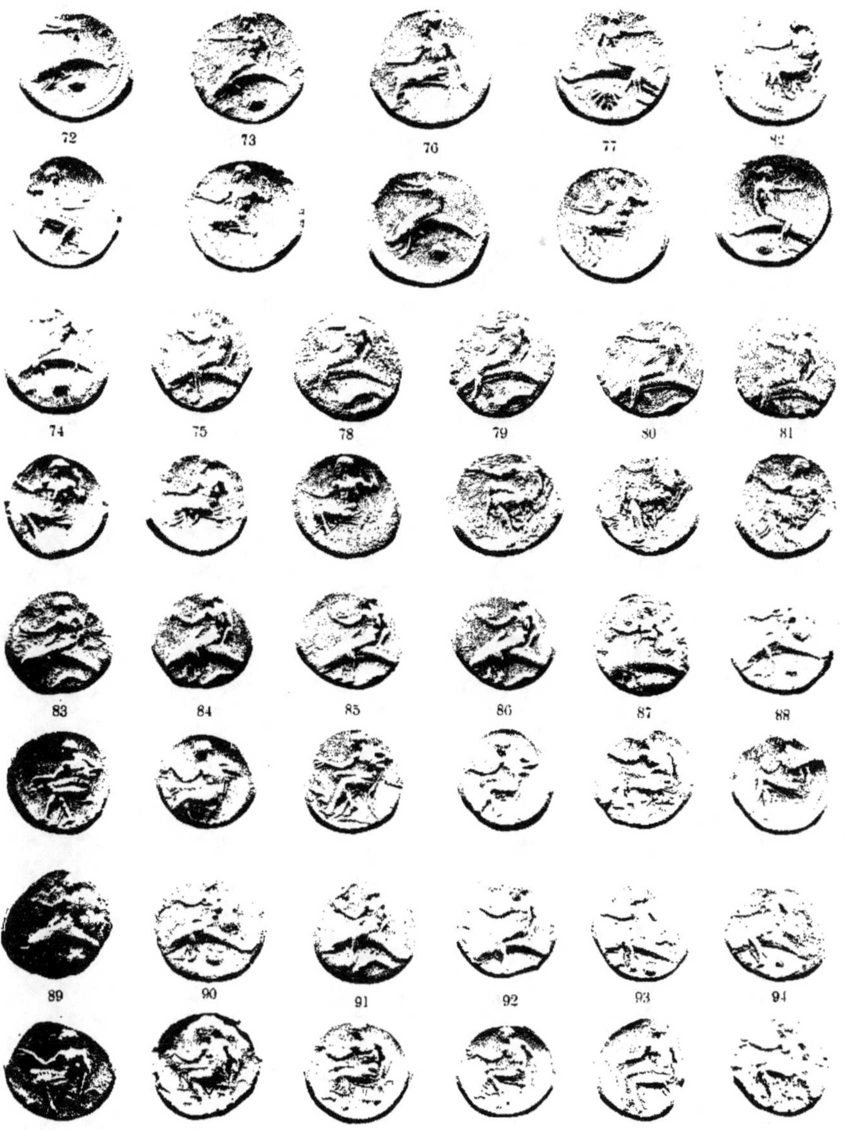

72   73   76   77   82

74   75   78   79   80   81

83   84   85   86   87   88

89   90   91   92   93   94

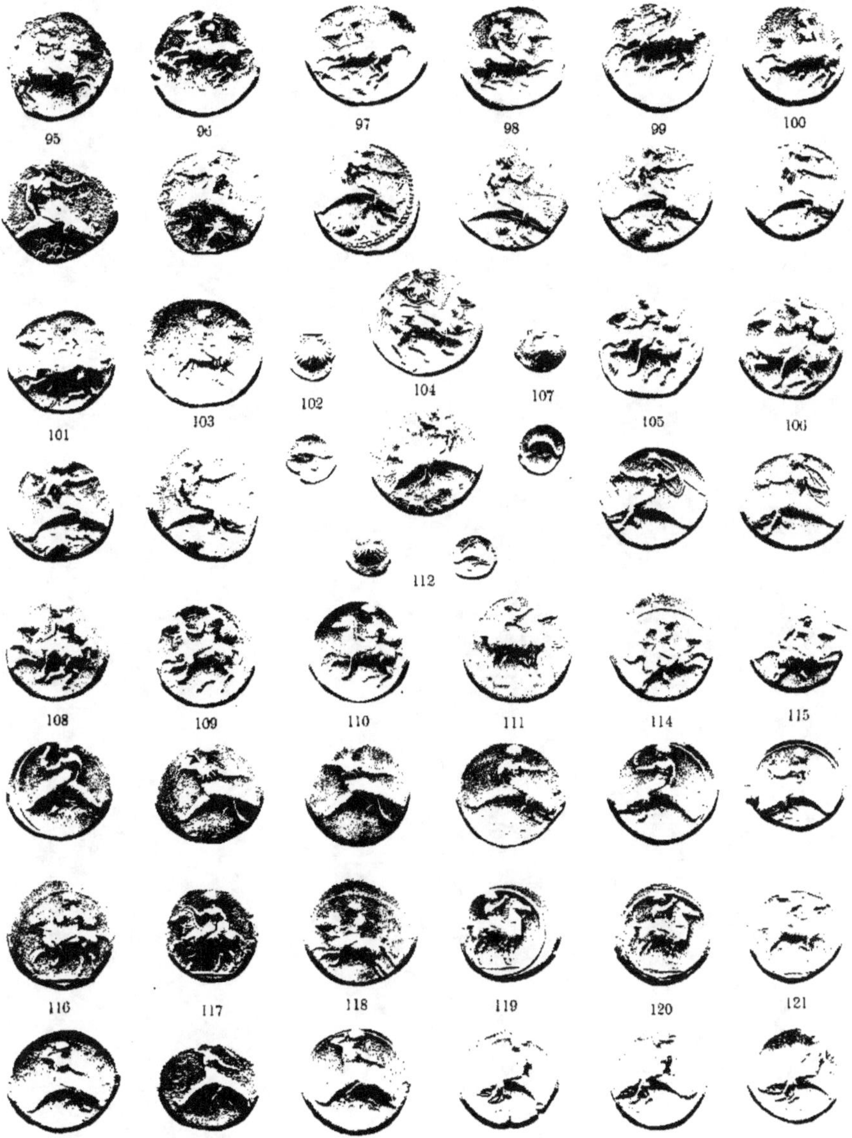

95
96
97
98
99
100
101
103
102
104
107
105
106
112
108
109
110
111
114
115
116
117
118
119
120
121

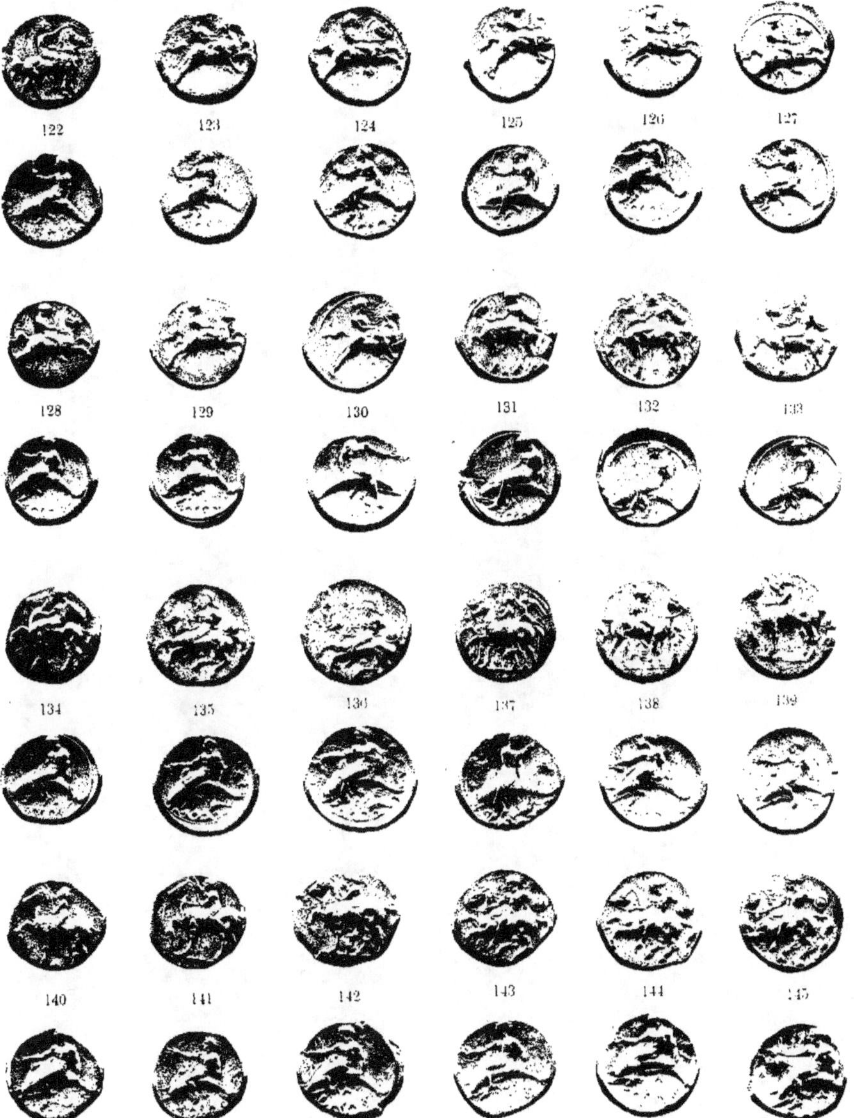

122 123 124 125 126 127
128 129 130 131 132 133
134 135 136 137 138 139
140 141 142 143 144 145

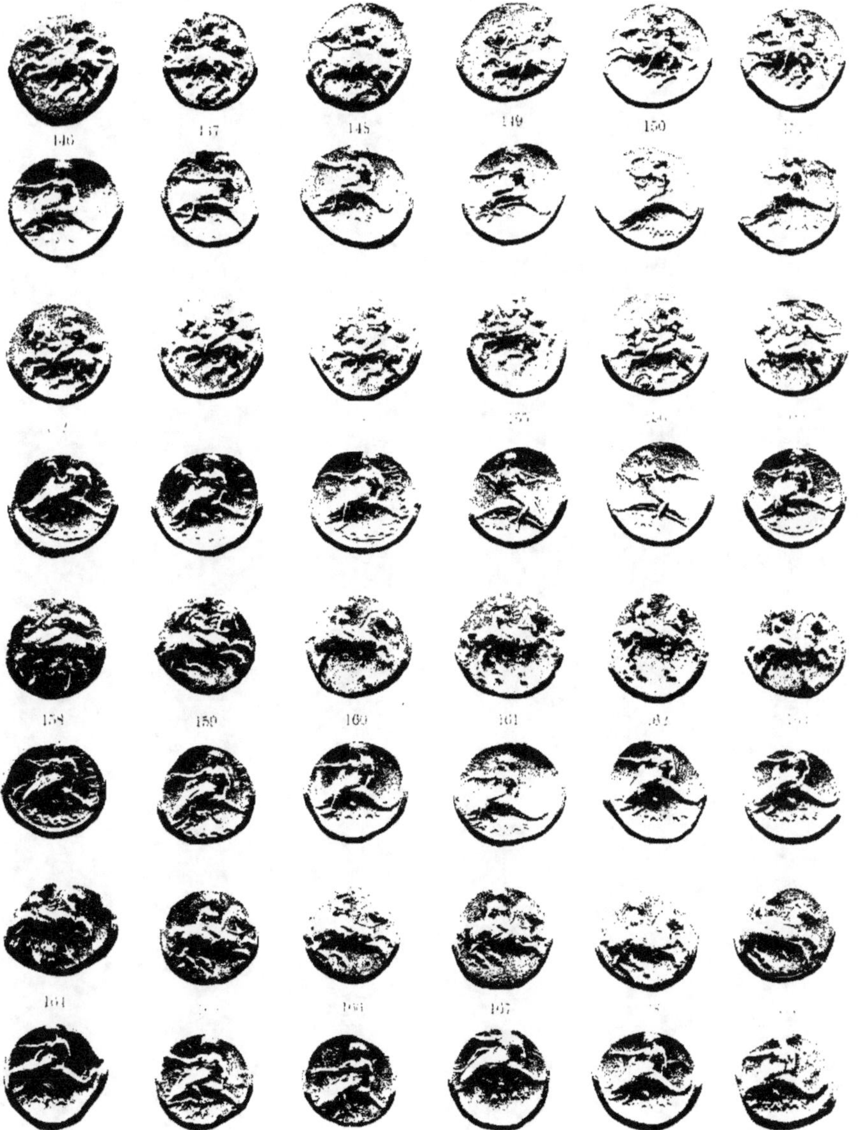

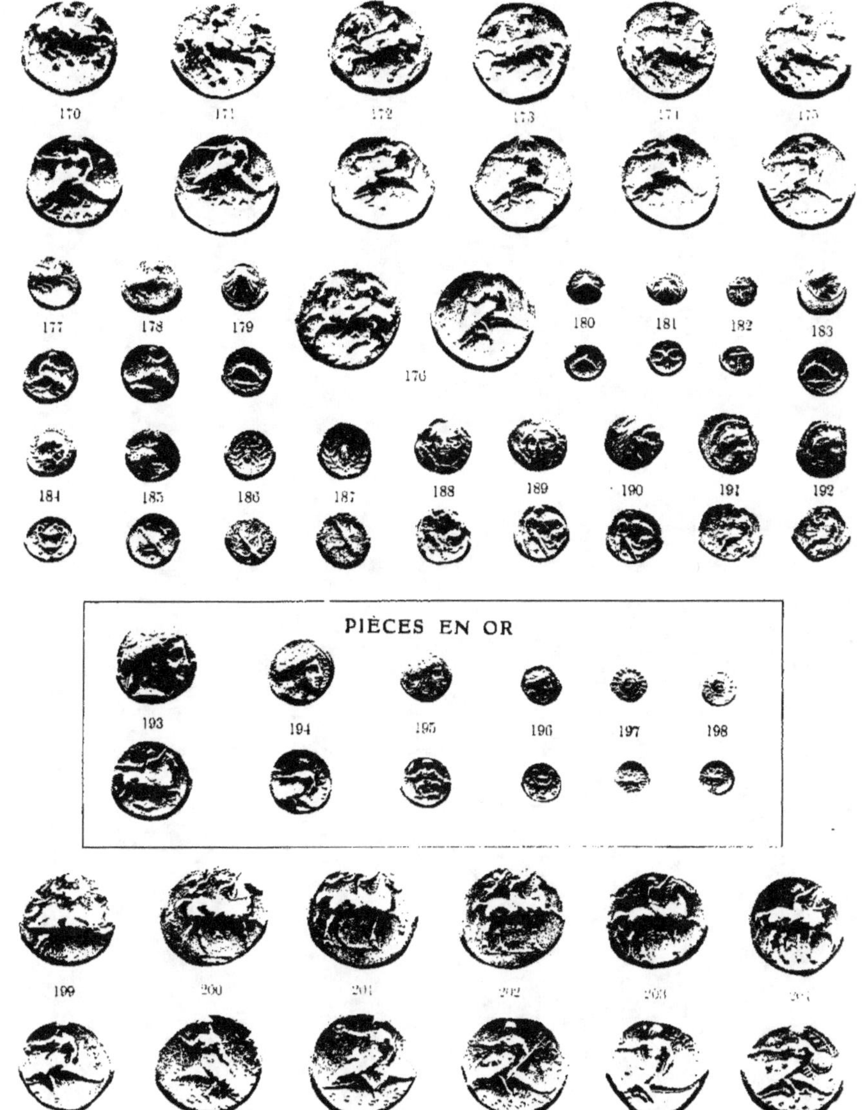

PIÈCES EN OR

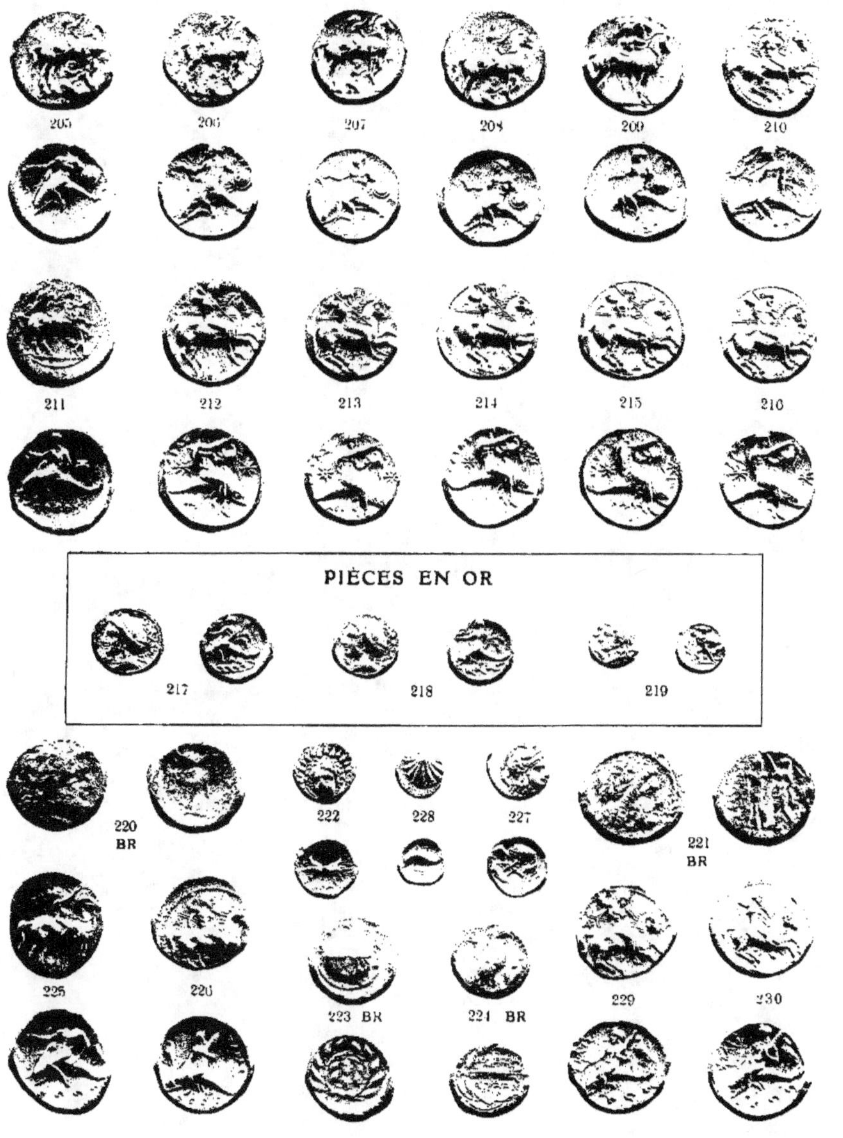
205
206
207
208
209
210
211
212
213
214
215
216
PIÈCES EN OR
217
218
219
220
BR
222
228
227
221
BR
225
226
223 BR
224 BR
229
230

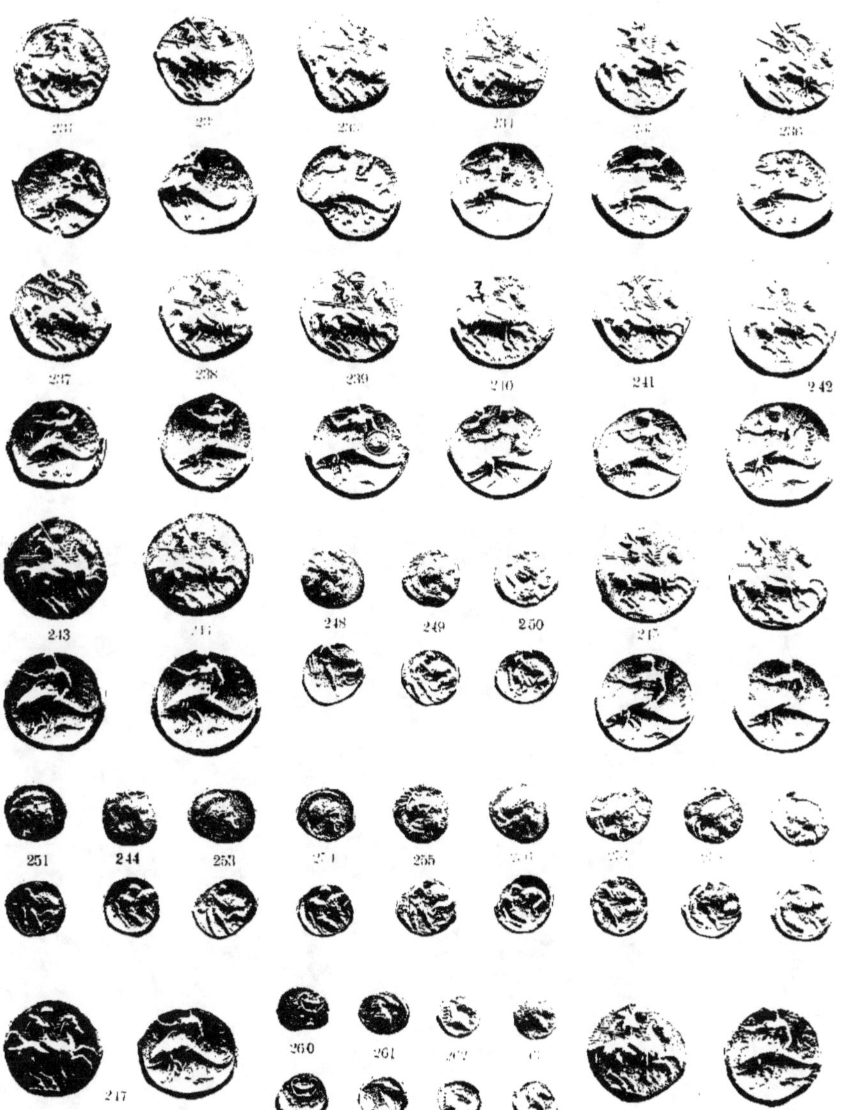

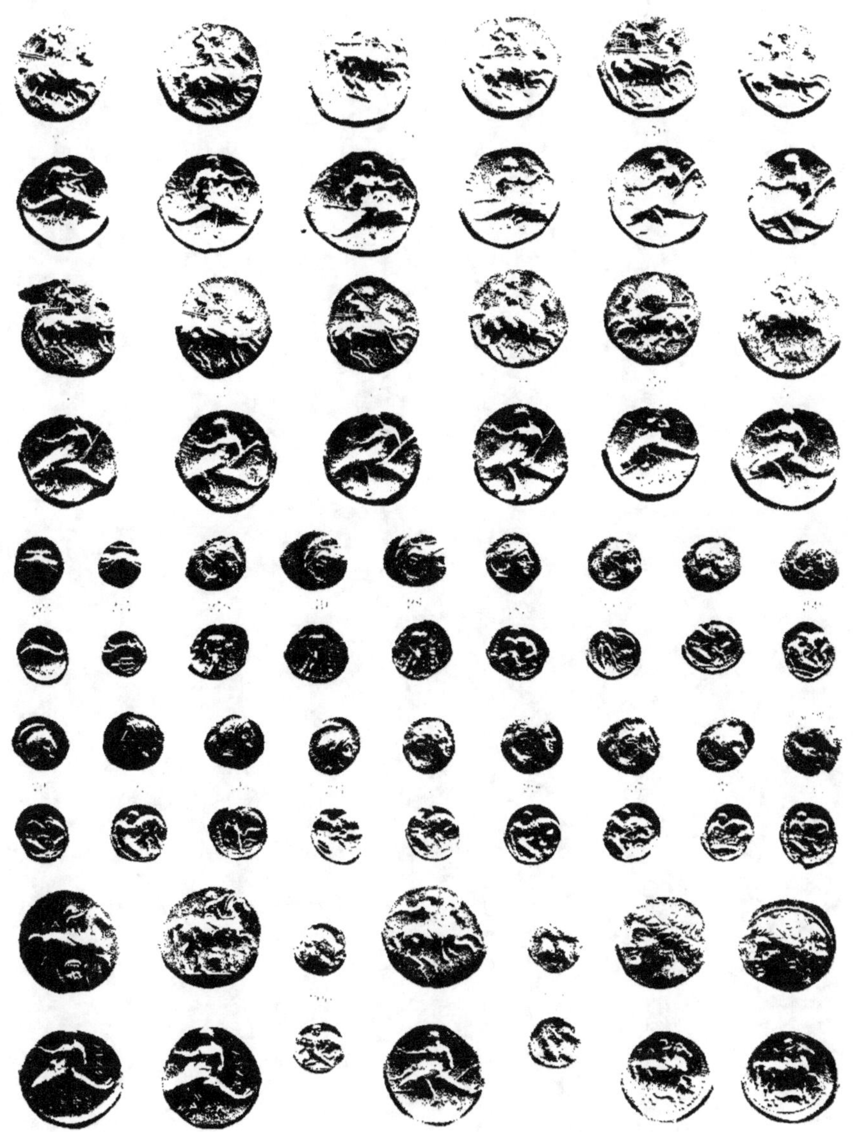

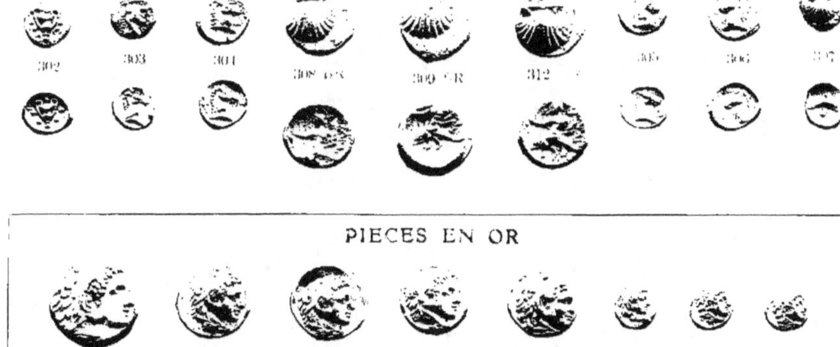

PIECES EN OR

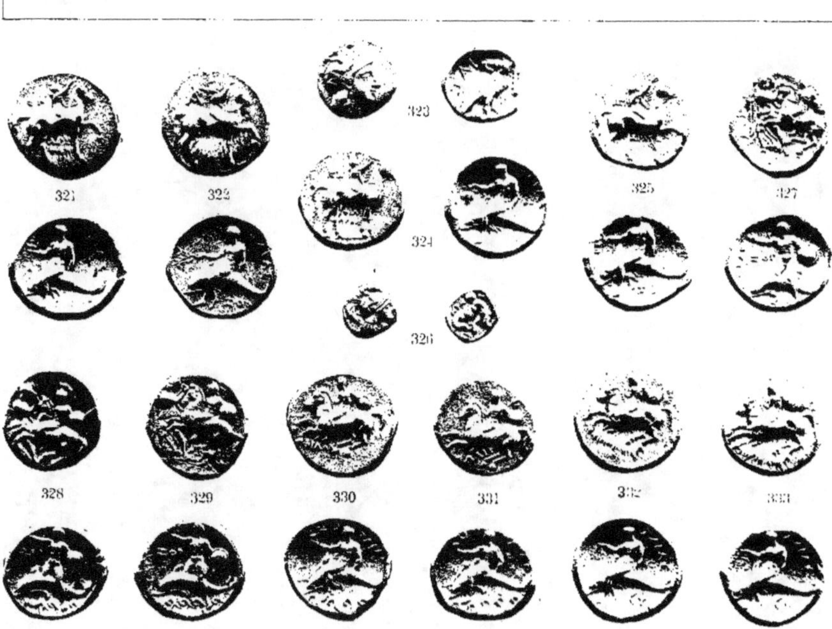

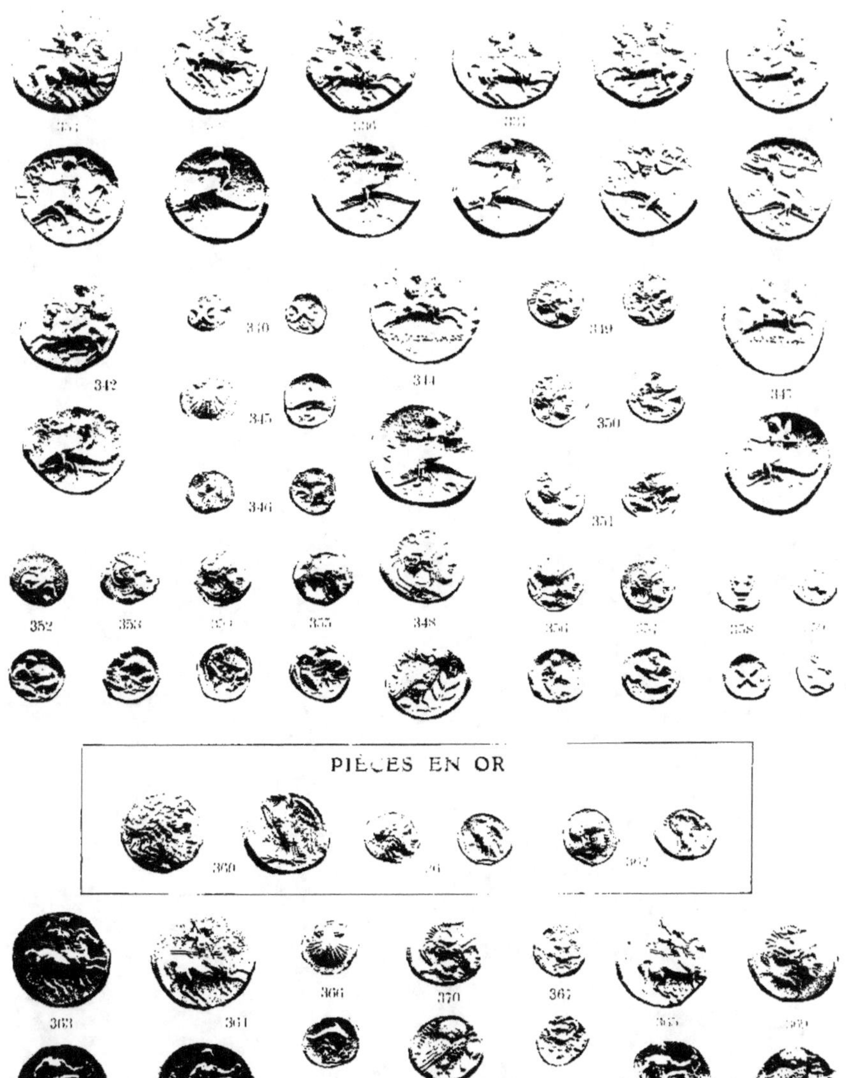
PIÈCES EN OR

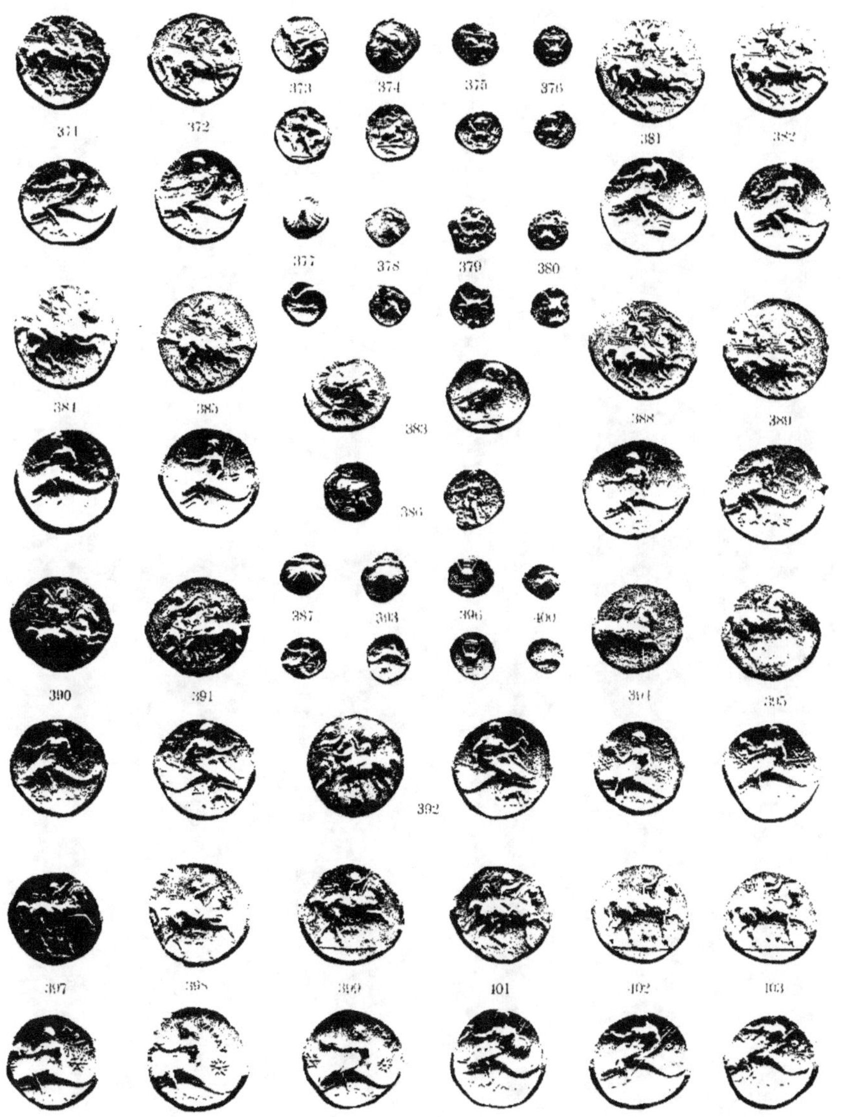

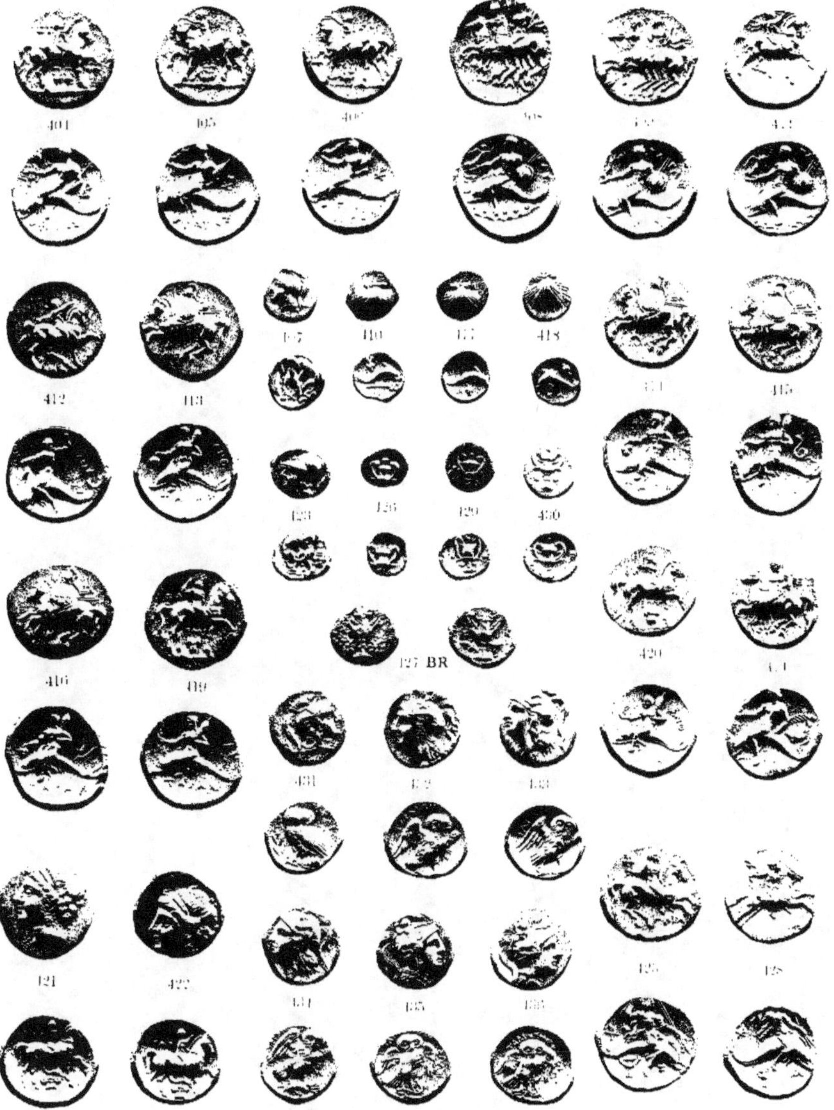

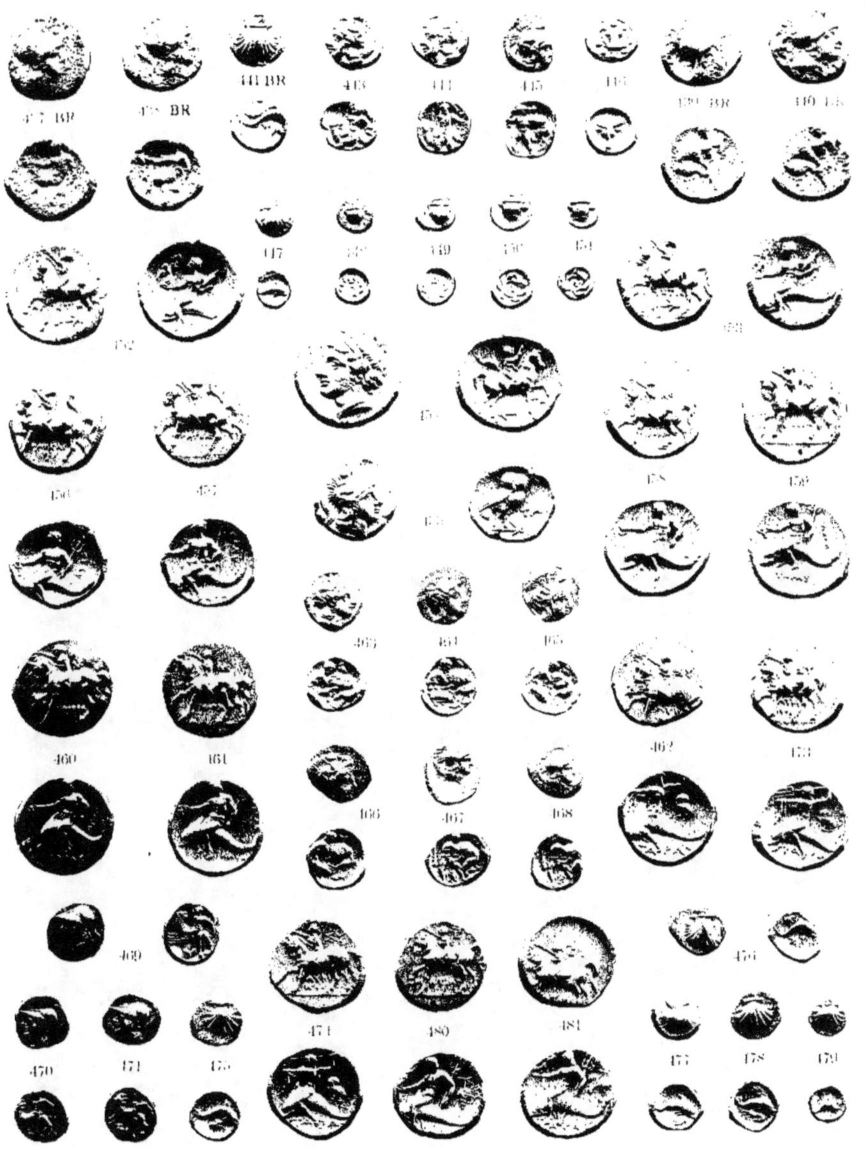

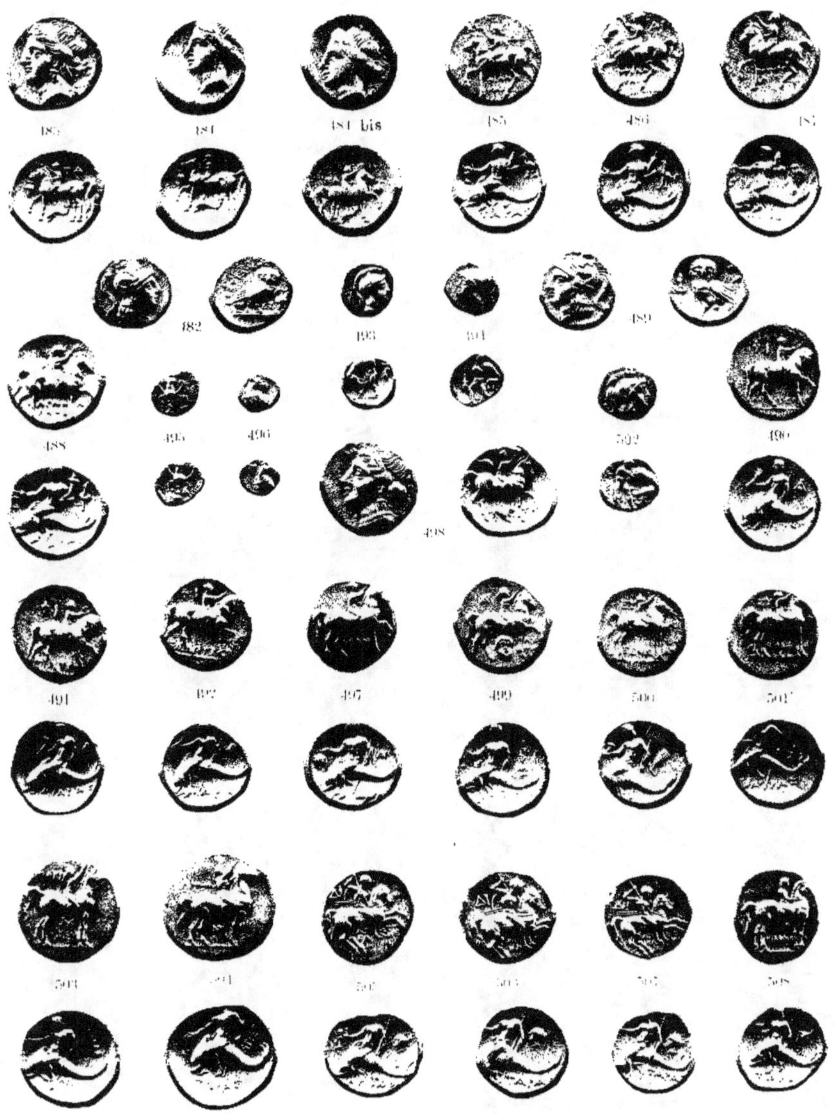

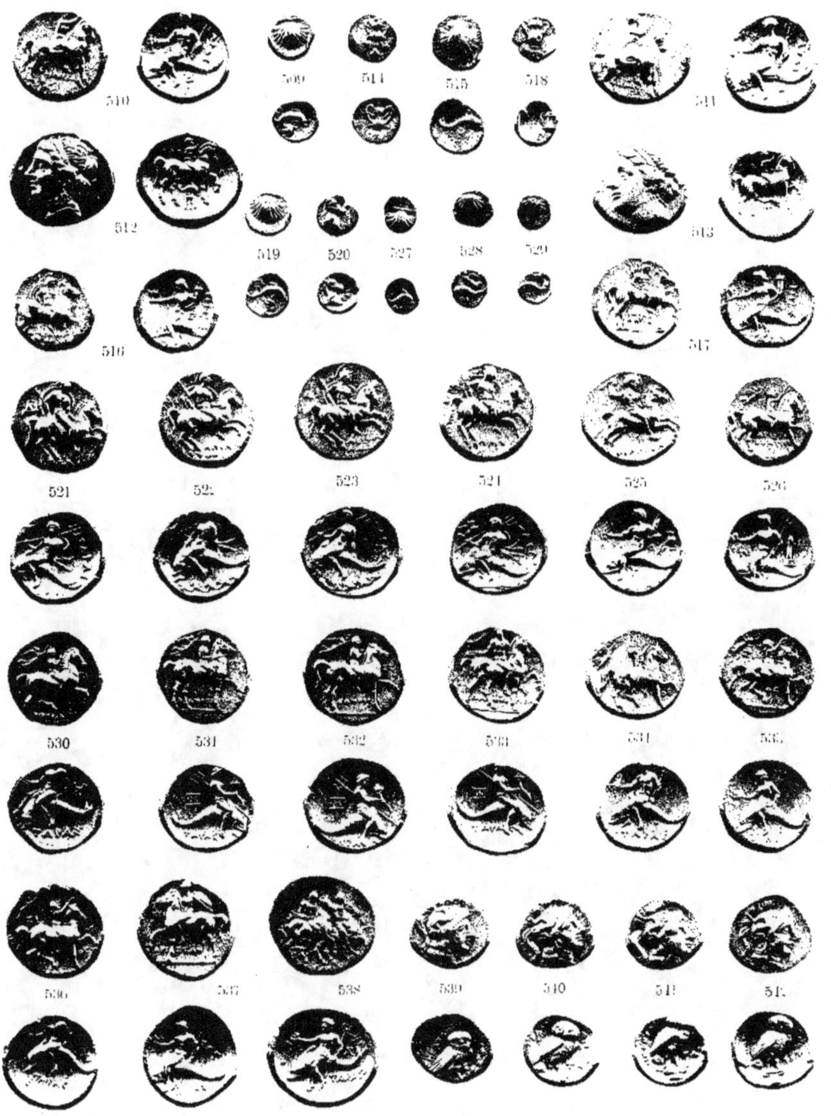

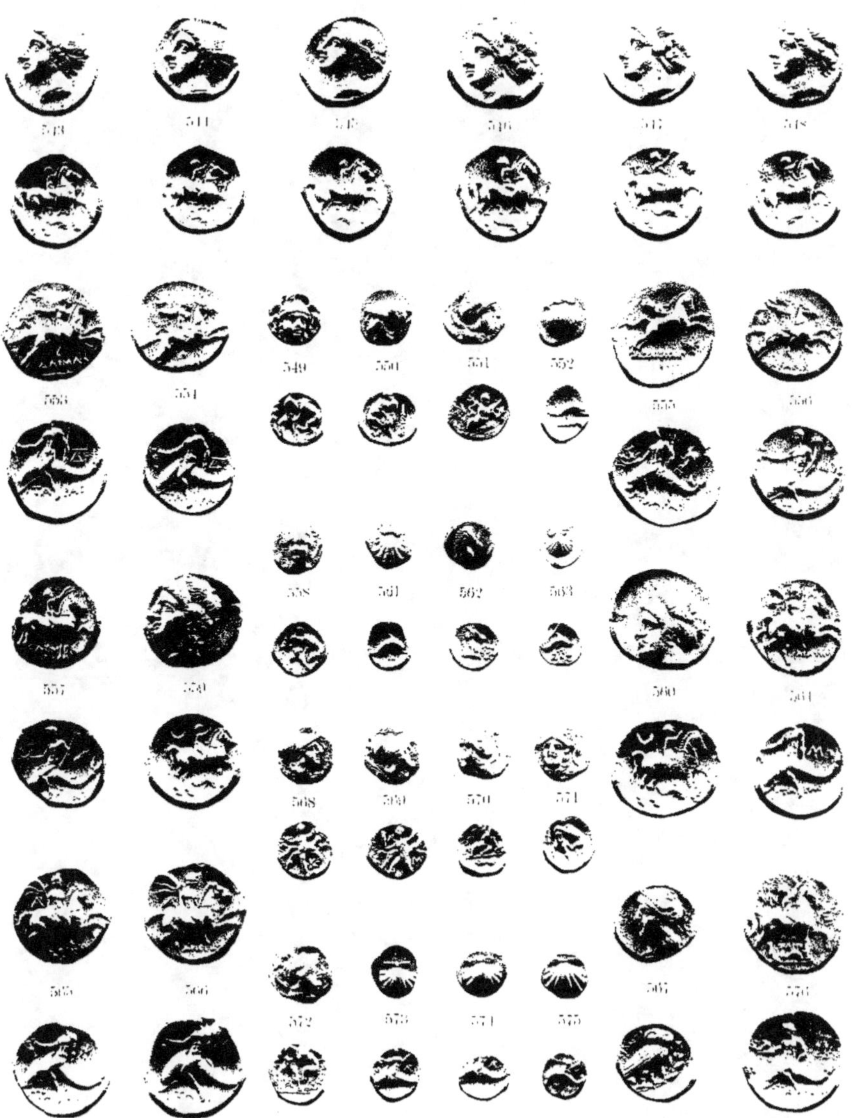

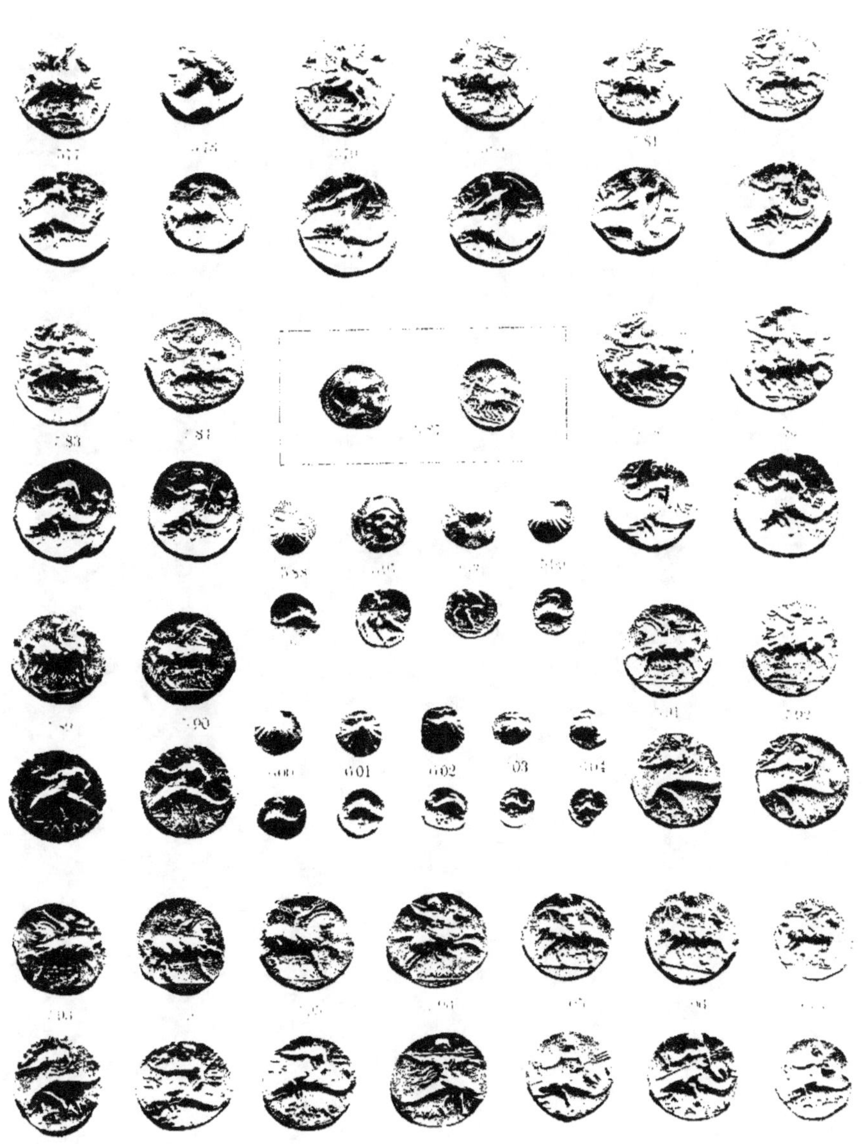